生命，因閱讀而大好

都是為你好，難道我會害你嗎？

揭開父母情緒勒索、遷怒、控制、差別待遇的暗黑心理，停止複製傷害迴圈

片田珠美——著

暢銷作家・精神科醫師

米宇——譯

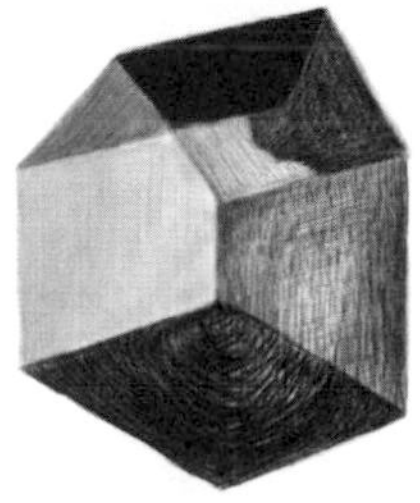

子どもを攻撃せずにはいられない親

推薦序

被父母殺死的自信

洪仲清／臨床心理師

台灣兒虐事件頻傳，有些甚至導致孩子死亡，其中不當管教相當常見。然而，就如同這本書的說法，大部分虐待孩子的父母還是聲明：「這些都是為了孩子好」。

最近才剛讀完一位女性的自白，她覺察到自己在被教育長大的過程，被當成是媽媽的延伸與附屬——她要完成媽媽的期待，去過媽媽想要她過的人生；而她是過了很多年，才重新確定自己想要的生活方式。

真正說到能把自己找回來，一晃眼，常常是已經過了人生的一半，這幾乎在我們的文化中已經見怪不怪。

「如果沒有你，媽媽就可以離婚，過著幸福的日子了！」

「你以後就會知道，媽媽說的才是對的！」

「我為你犧牲了這麼多，你怎麼可以這樣對我！」

書裡面舉例的這些句子，我不知道跟多少朋友反覆談過了。明明是大人自己的不作為，卻怪罪孩子，讓孩子內疚痛苦；觀念早就過時，憑著自己一時的心情想說什麼就說什麼，又要嘴硬堅持自己不會錯；不斷跟孩子索討，像開空白支票，父母只要填上自己的要求，孩子做不到，就是不孝……

一直到現代，即便孩子已經成年，甚至是媳婦的私人物品，父母、公婆偷偷「整理」翻閱的例子依然偶爾會傳到耳邊。活到老學到老，老人家特別要注意自己的身教，倚老賣老常造成家庭或家族的困擾，在傳統文化的道德中，老人家也不能忘記修身養性的重要。

然而，「天下無不是的父母」常成為擋箭牌，好像只要當了父母，就可以武斷地說自己不會做錯，有傳統做靠山。這種文化由來已久，還好，我跟不少老人家談過，他們都願意開始面對，年紀大更是要學習，因為時代日新又新。老人家願意走出來自我更新，個性常顯得特別開明！

其實當父母的人，要學會為自己的情緒負責。重男輕女、遷怒、偏心、虐待、侮辱、貶低……，這些父母的獨斷專行，常常被輕易地指稱為是由孩子引起，好像當了父母就不用為自己的情緒行為負責任。

有的父母，吝於鼓勵，但慣性貶低。把孩子的自信打趴在地，是能讓孩子的將來多順利？

有媽媽跟我哭訴，她自己的媽媽，從小嫌她嫌到大。結果她都大到已為人母了，她媽媽還是一出口就沒好話！

我們問問自己，這樣對自己的孩子，真的是為了孩子好，還是要表現父母自己的優越感？為什麼可以輕易覺得自己講得都對，只要自己看不慣孩子的都是錯？

要當「好孩子」，常意味著孩子不能有自我，要以父母的自我為自我。所以傳統強調乖巧聽話，這種邏輯是要怎麼教養出一個突然出了社會，就能夠獨當一面的成年人？好孩子常被強調要服從，將來怎麼可能多受人尊崇呢？

理解自己從小型塑而成的困境，可以幫助療癒自己。最重要的是，最終我們要藉著跟自己和解，擺脫那種不斷怪罪他人的慣性。從今往後，不管自己的難受是不是父母的錯，但自己人生的幸福快樂，讓我們為自己負責，並且因此活得更自由！

前言

因父母的虐待而造成孩子死亡的事件，在社會中頻繁發生。這種事件所造成的問題，大部分都來自肉體方面的虐待——毆打、踢、摔落、倒吊，或者是以香菸燙傷、將孩子關在戶外……等等。

這樣的身體虐待會對孩子造成很大的傷害。此外，若是再加上不給予食物、不幫孩子清潔等忽略行為（放棄育兒），孩子會越來越衰弱。以及，父母不帶孩子去醫院，只是持續放置不理，可能招致最嚴重的後果——孩子的死亡。

問題是，用這些方式虐待孩子身體的父母，有不少人覺得這只是在「管教」。二〇一九年的日本千葉縣野田市，當時才國小四年級的栗原心愛死

亡，她的父親也固執地認為「自己是正確的」。

在這樣的狀況下，我看見的是「父母認為孩子是我的私有物」這樣強烈的占有意識。因為將孩子當成自己的私有物，所以一心覺得可以依照自己的喜好來處置——這樣的傾向，其實正是虐待孩子的父母的共通點。

並不是說占有意識強烈的父母，就會對孩子施暴。不過，對孩子破口大罵、侮辱、脅迫的父母；按照自己的意志去支配孩子的父母；在兄弟姊妹間對孩子有差別待遇的父母，也可說是具有強烈的占有意識。

這種心理方面的虐待，會嚴重傷害孩子的內心。有時甚至會出現頭痛或腹痛等身體狀況。然而，大部分的爸媽並不知道，自己就是造成孩子身心不適的原因。

反過來說，許多父母認為自己都是為了孩子好——特別是想支配孩子的父母，更容易有這種自以為是、將自己的價值觀強壓在孩子身上的傾向。

像這樣強行灌輸價值觀的行為，回溯其根本，是因為父母認為孩子「是讓自己看起來更好的附屬品」。事實上，幾乎沒有父母擁有這樣的自覺；他們只相信自己覺得正確的價值觀，並且認為這都是為了孩子好，因而將之灌輸到孩子身上。

譬如說，希望孩子進入「好學校」、「好公司」的爸媽，會表示出這些都是為了孩子的幸福著想；然而，孩子只要進入「好學校」、「好公司」，對爸媽自身來說也是值得驕傲的事，會看起來更有價值——這種潛藏的想法或打算，其實也十分常見。

對這種想法、打算有自覺、反省的父母，是極為稀少的。爸媽將自己的價值觀強加在孩子身上，或是想依自己的想法來支配孩子，往往造成孩子身心方面不適，進而在向精神科醫師求診時被發現。

我自己也在選擇未來志願時，被父母強加灌輸他們的價值觀，導致年輕時非常煩惱。然而，我的雙親堅信他們是正確的，絲毫不覺得他們的價值觀其實讓女兒非常痛苦。因此，我非常了解有這種爸媽的孩子的苦惱。

本書便是要針對這些「攻擊孩子的父母」，好好分析他們的心理狀態。

首先，第一章中會以事例來說明，攻擊孩子的父母是怎樣的父母；接下來的第二章，會分析為什麼父母要攻擊自己的孩子，說明他們的精神構造。

第三章會舉出具體事例來解說，具攻擊性的父母會給孩子帶來什麼影響；第四章會告訴這些受傷的孩子，要如何應對這些攻擊自己的父母。

最後，在第五章中，將解說父母對孩子最極致的攻擊——殺害孩子。二〇一九年六月，日本東京都練馬區發生了前事務次官的七十多歲父親，殺害無業、長年在家過著繭居生活的四十多歲長男的事件，我會徹底分析此事件背後所潛藏的問題。

無論是要從這樣的父母手中保護自己，或是不想變成這樣的父母，都請參考本書。

第二章　傷痕累累的小孩，帶著假面的大人　為什麼父母要攻擊孩子呢？

第三章　我的心，被父母殺死了　攻擊性的父母會帶給孩子的影響

| 第一章 |

你也是受傷的孩子嗎？

—我們的身邊，其實有許多攻擊孩子的父母—

「如果沒有你，媽媽就可以離婚，過著幸福的日子了！」
「你在幹什麼？怎麼會做這種事？你是笨蛋嗎！」
「你以為是誰把你養大的？」
「你以後就會知道，媽媽說的才是對的！」
「我為你犧牲了這麼多，你怎麼可以這樣對我！」
「我們辛辛苦苦拉拔你長大，難道你要丟下父母了嗎？」

以上這些句子，你是否覺得熟悉呢？

想支配、控制孩子的父母

想支配孩子的父母，無論什麼都要干涉，甚至會發出瑣碎的指示，事事非得按照自己的意思控制孩子不可。

對這樣的父母而言，**總是聽自己話的孩子才是「好孩子」；相反地，不聽話的孩子就是「壞孩子」**，對這樣的「壞孩子」，會以「如果你不聽話的話……」來威脅之。這裡的「……」，可以是「不給你零食」、「不買東西給你」、「不帶你出去玩」等等。

例如，有進食障礙而住院的二十多歲女性，從小就因母親的過度保護、過度干涉而煩惱不已。

「母親個性一板一眼而且有完美主義，家裡總是打掃得一塵不染。她的口頭禪是『如果將冷凍食品或料理包擺上桌，孩子實在太可憐了』，所以

不只三餐，連點心或便當都出自母親之手，我們也常常穿著母親親手縫製的毛衣或夏日服裝。

然而，只要稍微有點髒亂，或是弄髒衣服，母親就像是變了一個人似的：『快點整理乾淨。如果不照媽媽說的做，就把妳趕出去或送到孤兒院那種設施去。』、『不要弄髒衣服，如果不聽話，就再也不買衣服給妳了。』會像這樣大罵，真的非常可怕。

母親甚至連我的人際關係都會開口干涉。如果帶朋友到家裡玩，她一定會問對方『令尊是做什麼的？』如果說是任職於大公司或是國家公務員，媽媽就會表現出很滿意的樣子。但如果不是，或是對方父親已不在人世的狀況，她就會說：『不要再跟那個人來往了。』

我最驚訝的一次，是小學三年級時我剛從開學典禮回家，媽媽就急著問：『有沒有跟○○在同一班？』我回答：『沒有同班呢。』結果媽媽生氣地說：『我明明有拜託之前的班導師，麻煩重新分班時要把妳和○○分到同一班的，怎麼還是沒有呢？』接著便馬上打電話到學校。

雖然我想阻止她，但她根本不願意聽，自顧自地跟老師抱怨著，最後才掛了電話。

○○的爸爸在一間母公司很厲害的公司上班。所以媽媽希望我和○○成為好朋友。然而，○○曾說過『妳是承包商公司的孩子』，把我當成可隨便使喚的丫鬟，我不是很喜歡她——所以老實說我對於跟她分到不同班，其實鬆了一口氣。

除此之外還有很多事，總之我**依照媽媽的意志去做事的傾向是很強烈的**，根本無法違逆。

為什麼呢？因為媽媽會流著淚、對我哭叫著：『我明明是為了妳好才說的，為什麼妳不懂呢？因為怕妳會發生什麼事，媽媽真的很擔心啊！』

尤其在我升上小學高年級時，爸爸離家出走與同公司的年輕女性一起生活，

媽媽對我的束縛就更強烈了。

國中、高中時，與朋友之間相處正熱絡的時候，雖然很想和朋友一起出去玩，但我被命令只要一下課就要馬上回家。

如果沒有聽話，像是跟朋友一起去購物中心逛一下街，喝了咖啡再回家的話，就會被責罵。媽媽罵完以後還會哭著說：『妳知道妳這樣做，會讓媽媽多痛苦嗎？對媽媽來說，妳就是全部啊！』

母親很堅決地拒絕離婚，還對父親說：『如果離婚的話，你社內外遇的事情就會被公司知道了。』因此，雖然爸爸會給我們生活費，但其實是只有母女二人的家庭生活。和媽媽兩人彼此相處的家庭生活中，如果她說『妳是我的全部』，我真的不知道要怎麼回答，只能靜靜地順從她，彷彿無法呼吸般地、提心吊膽過日子。也因為如此，為了排解情緒而導致反覆地進食與催吐，無法停止。」

這位女性體重只剩下二十幾公斤，狀況甚至危及生命，因此住院了。入院時，母親叫分居中的丈夫來醫院，雙親兩人就在女兒的眼前對談。

母親責備父親說：『就是因為你外遇，女兒才會變成這樣。我明明什麼都沒有做錯，到底為什麼會碰到這樣的事情？』聽到這裡，父親大聲怒吼：『凡事都要照妳的意願去做，我根本無法呼吸！』

當然，丈夫和公司的年輕女性外遇而離家出走的這個狀況，讓人非常同情這位母親。但「我明明什麼都沒做錯」這種主張，難道就是正確的嗎？

女兒一直擔憂地自省：「是不是我哪裡做錯了呢？」但其實問題是出在無論什麼都要插嘴、總是想以自己的意思來控制一切的母親身上。這種過度保護、過度干涉而導致飲食障礙的情況，在精神科臨床是頗為常見的。

此外，就本質上來說，如果一位做事嚴謹又有完美主義的妻子，總是想按照自己的想法來控制家庭，感到窒息的丈夫的確很有可能因為無法忍受，

而將情感轉向其他女性。

丈夫離家出走之後，可以控制的對象就只剩下女兒了。所以她對女兒的支配行為也變本加厲，然而這位母親卻毫無自覺。

在毫無自覺的情況下，她更容易為了「我是如此為妳著想，為什麼妳就是無法照我的意思來做呢？」而對女兒生氣，說出讓女兒心中滿溢罪惡感的話語。

因為如此，**女兒覺得自己的脖子被緊緊勒住般，被無法從母親的束縛中逃開的無力感與絕望感所糾纏……**這些複雜的心情，交織而成暴飲暴食及催吐的惡性循環。

訂下規則，嚴格要求孩子遵守的父母

對孩子支配欲望強烈的父母，會訂定規則，並嚴格要求孩子遵守。二〇〇八年六月八日，在秋葉原引發隨機殺人事件的加藤智大死刑犯，他的母親就是這樣的類型。

加藤智大在兒提時代，就被母親禁止去朋友家玩；能被邀請到家裡來的朋友，也只有母親特別許可的一位而已。

因此，他沒有朋友。

甚至還被如此告誡：「不可以跟別人說『請跟我一起玩』。」

熱衷於教育的媽媽直接指導他念書，他把這些事情都寫在手機網站裡。

「爸媽想跟身邊的人炫耀自己的兒子，為了讓我寫出完美的作文，所以我的作文都要先給父母檢查。」

「爸媽寫的作文得獎了，爸媽畫的畫得獎了……因為爸媽無理的要求，所以我念書念得很好。」

「爸媽寫的作文」、「爸媽畫的畫」，另外還有「爸媽的檢查」，也可從弟弟*發表的記事當中，看見些許模糊的影子。

「也許有人會誤解成是爸媽拿著筆，替我寫作文或畫畫了。但確切的意思是，關於作文的題目，或是文章、繪畫的主題或構圖等，都是由母親下達指示——她所給予的主題，其基底都是『老師會喜歡』的東西——我們就宛如機器人般，遵循指令並寫出文章、繪出畫來。而一切也如同母親的設想，老師們都大加稱讚我們的文章和繪畫。」

* 這位弟弟在二十八歲時自殺了。

此外，一定會看過兒子們所寫作文的母親，「會在『檢查』的時候，將我們寫的句子置換成老師會喜歡的句子。」

更甚者，由於母親有完美主義——

「總是要求完美。在稿紙上寫作文時，只要有一個字寫錯，或是寫得不漂亮，就要重寫。我們不能使用橡皮擦來修正，而是將已經寫到一半的文章稿整個丟到垃圾桶裡，從頭開始，再寫一次。寫了又丟、寫了又丟……不斷地重複這樣的過程，常常得花上一個星期才能完成一篇作文。」

母親的作文指導中，還有一個「十秒規則」。在兄弟倆寫作文時，母親就坐在旁邊「檢查」——

「為什麼要使用這個成語？」

她會像這樣突然丟出問題來。如果答不出來，母親就會開始——

「十、九、八、七……」

像這樣發出聲音倒數，如果數到〇還無法回答，孩子們就會挨巴掌。這裡應該回答的當然是母親所喜歡的答案，而母親喜歡的答案，說到底仍然是「她覺得老師喜歡」的東西。

作文指導相關的「檢查」或「十秒規則」，當然可以說是母親對於教育的熱心表現。但事實上不僅如此，母親對家庭內也進行徹底地管制。

首先，「想要買東西時要先取得媽媽的許可」，也就是說不能自由地購買物品。譬如說，想要買書時——

「一定要告訴她想買哪一本書，而且讀完書之後，還要寫讀書心得給媽媽看。」

另外，雖然家裡有一台電視，但禁止孩子自己打開來看，可以看的節目也只有《哆啦A夢》和《漫畫日本古物語》而已。據說，家裡原本就沒有看電視的習慣，平常甚至連新聞都不看。

關於和異性間的交往，母親也異常地敏感，換句話說就是絕對禁止。在國中的時候，加藤智大班上的女同學寄了賀年卡來，上面寫著「我喜歡你」，被母親發現以後，這張賀年卡就被貼在冰箱上，宛如懲罰告示一般。弟弟在國中一年級時，也收到女生寫來的類似明信片，媽媽在吃飯時砰地一聲將其拍在桌子上說：

「絕對不准你們有男女之間的交往！」

從這些過往的事情中，不難看見母親徹底地監視孩子，要求他們遵從自己所訂下的規則之情況。

如此強烈的支配欲望，究竟對加藤智大的精神層面造成多麼巨大的影響，實在不言而喻。

當然，我也並不是支持加藤智大因為無法接受自己身為派遣員工，從事單調工作、過著不如己意的人生，就可以將所有的責任轉嫁到「都是父母的錯」、「都是社會的錯」。只是，一個人一旦被這樣徹底管理後，就很難透過自主學習去進行新的體驗——也就難怪他會覺得自己什麼都做不到，毫無自信心。

當然，被這樣對待的孩子會覺得憤怒，會覺得欲求不滿。這種憤怒或欲求不滿沒有出口，持續地在加藤智大心中翻攪著，或許，也成為他隨機殺人的原因之一。

毫不在意侵入孩子私領域的父母

父母對孩子強烈的支配欲，常以「過度控制」的形式表現出來。

許多父母不尊重孩子的私人領域，以自己的想法強行干涉子女，對孩子來說當然造成了很大的麻煩，但父母卻覺得「自己不過是一番好意罷了」——換句話說，他們對此絲毫沒有罪惡感。

我以前工作的大學中，同一個研究小組的女大學生曾經這樣對我說：

「我媽媽常常擅自進入我的房間，自己動手幫我整理，像是幫我重排書架上的書、或是把桌上的資料放到其他地方……等等，造成我常常不知道需要的書和資料放在哪裡而四處翻找。雖然有跟她說不要再這樣了，但她都回答：『還不是因為妳房間太亂了，我才好心幫妳整理！如果不喜歡這樣，就自己把房間整理好啊！』而且她還會趁我不在時擅自進行，我大學上課需要的講義也被她當垃圾一樣丟掉了，真的讓我覺得很困擾啊。」

母親對女兒的抗議充耳不聞，覺得自己只不過是為了女兒好而幫她整理，卻沒想到，自己的行為其實造成女兒莫大的困擾。

類似的事情，也發生在一個二十多歲的獨居女性上班族身上。

「上星期，我久違地請了特休在家休息。早上稍微睡晚一點，在浴室泡了個澡後一走出來，卻看見媽媽竟然在我家，我真的嚇了一大跳！我從小就知道媽媽很愛瞎操心，但我沒有給她備用鑰匙，所以她八成是趁我回老家的時候，偷偷從包包裡拿出來去打了一把新的鑰匙吧？雖然之前都沒發現，但似乎一直以來，她都趁我去公司的時候跑來我家。我有點生氣地詢問：『媽媽，妳為什麼在這裡？』她反而罵我：『妳才是！平常日不是應該在公司上班嗎？為什麼在家裡休息？』」

這位母親對於自己擅自進入女兒公寓一事毫無罪惡感，搞不好還認為為了守護獨居女兒的安全，自己當然得時不時地去監視一下才對。

前述這位母親，**有強烈支配的欲望及「母子一體感」，因此不尊重孩子獨立自主的人格，會毫不在意地闖入女兒的空間**。無論女兒如何抗議，母親都不會聽從，更不會想到——縱使女兒與自己有血緣關係，也有不想被母親涉入的領域。

我和許多有這樣父母的孩子談過。

「爸媽會隨便看我的包包或桌子，看我的筆記或信件，可能連衣櫃都隨便翻看，因為我發現有些東西不見了。」

「趁我去上學的時候，爸媽擅自把我跟朋友借的漫畫丟掉了。一聽到我問就回說：『一直看那樣的東西都不念書！我是為了你好才這麼做的。』但因為我沒有零用錢，也沒辦法賠償，那個朋友之後就不跟我說話了。」

像這樣毫不在意地侵犯孩子的領域，是因為父母相信自己所做的一切都是為了孩子好；或者應該說，他們擅自認為——**就是因為自己身為父母，所以這些行為都可以被理解。像這種意識的根本，潛藏著「將孩子當成父母私有物」的想法。**

看重世間榮耀更甚於孩子心情的父母

將孩子當成自己私有物的父母，會將世間所謂的「虛榮」之事，看得比孩子的心情還來得重要。

譬如說，在大學醫院醫局擔任祕書的二十九歲女性，向我訴說了對於不允許自己婚事的父母的不滿。

「我和男朋友已經交往兩年了，他比我大一歲，一個月前我們打算結婚了。所以我跟爸媽說，希望讓他們見個面。但我爸媽不喜歡他的工作，直接拒絕了跟他見面的提議。

我男朋友是藥商的ＭＲ（負責醫藥資訊），在大學醫院中向醫生介紹或宣傳藥物，因為會拜託教授進行藥物實驗，所以常常到醫局來，我們就是因此認識的。

他是個開朗又隨和的人，很適合做業務相關的工作，而且我和他在一起覺得很安心，深深覺得他是個可靠的人。我是被他這些特點而吸引的，但雙親卻無法理解。

我爸媽不喜歡他的職業，其實說穿了，就是因為『他不是醫生』。

我父親是任職於醫院裡的醫生，祖父自行開業，後來診所讓伯伯繼承了。我媽媽擁有藥師資格，也是醫生的女兒。我們的親戚中，也有很多醫生。因為這樣的家庭環境，父母從小就期望孩子能成為醫生或藥師，我的家庭對子女的教育可說是異常嚴格，雖然有去應考升醫學部的明星學校，但我卻落榜了。

對於我落榜的情況，媽媽說：『實在太丟臉了，讓我在親戚前都抬不起頭來。』沒辦法，我只好進入第二志願的女子大學附屬學校，然後直接升上女子大學。也因如此，父母將期望都集中在我的弟弟身上，弟弟進入很好的學校後考上國立大學的醫學部，現在是研修醫生。

媽媽說：『親戚問我妳的結婚對象是怎樣的人，MR實在是太丟臉了，讓我說不出口！』更過分的是，她還說：『花那麼多錢讓妳去念千金小姐念的學校，真是浪費！爸爸特地拜託朋友，讓妳進入大學醫院醫局當祕書，為的就是讓妳和醫生結婚，妳為什麼就是不懂呢？我們栽培妳，可不是為了讓妳嫁給那樣的人！』

不管我說什麼，他們都聽不進去，也不認可我要結婚的事。爸媽都將『人』當作『品牌』經營，比別人更加在意社會觀感，單單以對方的職業當作結婚的判斷標準。

正因很理解這件事，所以一直以來就算有很喜歡的人，我也總是思考著：『他不是念好的大學，所以不會被認可吧？』、『爸媽不會喜歡他的職業吧？』所以遲遲沒有介紹對象給父母，也有因此就這樣分手的戀情。

現在的男朋友在大藥廠工作，我原本覺得應該會得到認可，但爸媽卻只用職業加以判斷，讓我實在無計可施，精神上大受打擊，覺得非常沮喪。

我弟弟也面臨了類似的狀況。

弟弟和我不一樣，雖然他很優秀地成為醫生，但其實內心裡更想成為遊戲或軟體開發者。他擅長數理、想做IT相關的工作，但爸媽卻不允許。爸爸說：『那種像是賣笑一樣的工作，我絕對不允許。』媽媽則說：『如果我們家的孩子都沒有當上醫生的話，一定會被親戚嘲笑的。』

弟弟因此無可奈何地成為醫生。然而，他並不擅長和患者對話，也一直很煩惱自己是否適合醫生這個工作。所以他想著或許『不要成為臨床醫生，而是成為基礎醫學的研究者會比較好』，但是他和爸爸商量時，卻得到反對的意見：『基礎研究者根本無法養家餬口。我們家的親戚都是有錢人，不要讓我抬不起頭來！』

雖然我和弟弟看起來是在優渥家庭中成長，但卻因為父母過度在意他人眼光，只能過著悶悶不樂的日子，我們倆都覺得『真的很不想出生在這樣的家庭裡……』，實在非常痛苦。」

像這樣不顧孩子的心情，而是以世間看法或虛榮為優先的父母，往往會在升學與結婚這兩個階段中，顯露出本性。

「國中考試失敗時，媽媽對我說：『太沒面子了，我實在不想走在你旁邊。』」

「高中考試時沒有考上公立學校，只好去念私立學校，當時爸爸說：『我們家族大家都是念公立學校，你真是讓我覺得太丟臉了。』」

類似這樣的例子時有所聞。

在意世間看法而講究結婚儀式的父母

關於結婚，除了像這位女性一樣，因雙親過度在意世俗眼光而不承認結婚對象的例子之外，還有雖然允許結婚，但對於是否舉行結婚儀式這件事掙扎的父母。

譬如這位三十多歲的女性，訴說了這樣的煩惱：

「我和男朋友是在一年前認識的。因為彼此的價值觀契合，感覺再也找不到更適合的對象了，所以我們打算結婚。

我和他都不喜歡奢侈鋪張，而且也年近四十，根本也已經不是適合純白婚紗的年齡了。與其花錢舉辦豪華的結婚典禮，還不如拿去旅行。我們兩人都覺得只要直接去登記成婚就可以了。

母親雖然贊成我們結婚，但知曉我們不打算舉辦婚禮的瞬間，她卻突然勃然大怒：『我養育妳三十多年，現在活著的樂趣就是想看女兒披上嫁衣的美麗姿態。況且，不辦婚禮，親戚會怎麼說？他們會怎麼想？妳到現在一直遲遲未嫁，親戚阿姨們已經說了很多閒話，不辦結婚典禮實在

讓我太丟臉了。』

我沒想到母親會如此生氣，實在嚇了一大跳。我跟她說，如果要花錢，與其辦結婚典禮，還不如花在更實質的事情上——但是她根本聽不進去。

不只如此，她還不停重複：『為了看妳穿婚紗的樣子，我不知道犧牲了多少……』、『不舉辦婚禮，社會上才不會承認妳有結婚呢。要是不想被人在背後指指點點的話，舉辦婚禮不就好了嗎？』

我是家裡唯一的孩子，所以，違背了母親『想看女兒穿上嫁衣的模樣』的期待，我也覺得很心痛；但若是妥協了，卻是一場為了社會眼光而不得不舉辦的婚禮——我們兩人對於舉辦這樣的結婚典禮，真的非常抗拒，非常煩惱，不知道到底該怎麼辦才好。」

這位女性所說的話中，揭露了二句母親最常使用的話語。其一是「我為了你犧牲了這麼多。」

的確，生兒育女是很辛苦的，尤其母親要耗費極大的心力在育兒這件事上。要哺乳、換尿布、準備食物、照顧孩子的生活起居……也有許多媽媽忍受不孕治療的痛苦，甚至為了生產、育兒而放棄工作。就算過了嬰幼兒期，辛勞也不會結束，從照顧日常生活到準備相關的學費等，母親承受著各種挫折與痛苦。

所以，母親說「我為了你犧牲了這麼多」此話絕無虛假。但是，**強調這件事，無非是要在孩子心中種下「我背叛了為我如此付出的母親，真的很對不起她」這樣的罪惡感**。

當然，對這種意圖毫無自覺的母親，數目壓倒性地多。有些媽媽在生產後不得不摘除子宮，有些則罹患產後憂鬱，但搬出自己為了孩子犧牲健康這件事，其實就是為了讓孩子「產生罪惡感」。

另外一句常聽到的話是「都是為你好，所以要這麼做」。

其實，舉辦盛大的結婚典禮，是自豪於「我將女兒養得那麼大了」，想得到親戚朋友的讚賞，但母親不會承認這是一種「自我顯示欲」或是「想要被認可的欲望」。

因為「好媽媽，應該要無私、無償地為孩子奉獻愛」的這種「神話」，所以為了利己的欲望而要求女兒舉辦結婚典禮，就是「壞媽媽」的行為——然而，母親本人絕對不想被當成「壞媽媽」。只好一心一意地告訴自己：「都是為了女兒好，才要求一定要舉行結婚典禮。」，完全不去正視自己真實的欲望。

——這也就是所謂的自我欺瞞！許多母親是為了自我顯示欲或想被認可，所以要求孩子「這樣做比較好」；**實際上，她只是在欺騙自己「這樣做都是為了孩子」**。

而且，她們對於「孩子的幸福＝母親的幸福」一事，完全深信不疑。對於十個月間在自己腹中養育孩子的母親而言，孩子就像是自己的分身，不難理解她們會覺得孩子的幸福＝母親的幸福。然而，隨著孩子逐漸成長，孩子的幸福與母親的幸福，其實未必是一致的。

這是必然的，如果孩子的幸福＝母親的幸福，母子就會被強烈地束縛在一起。對於想要自立的孩子來說，總是在孩子身邊、藉此感到被需要而覺得幸福的母親，只是妨害孩子獨立、阻礙孩子幸福的麻煩人物。沒有意識到這種危險性的母親，總是相信只有自己覺得好的才是對孩子好，會若無其事地將自己的價值觀強硬加諸於孩子身上。

這樣的母親，除了「我為了你犧牲了那麼多」、「我都是為了你好，所以才這麼做」這兩句之外，也不時會這樣說——

「你以後就會知道，媽媽說的才是對的。」

「你如果可以做～，媽媽就會覺得很開心。」

如果聽到這樣的話，就要注意，這也許是母親將自己的價值觀強硬灌輸在孩子身上的表徵。

逼迫孩子結婚的父母

將自己的價值觀強加在孩子身上的，還有對「走入婚姻是人生理所當然的方向」深信不疑、脅迫孩子結婚的爸媽，導致有些孩子因此身心失調。

舉例來說，我定期會去某金融機關協助精神諮詢的服務，有一位三十多歲的單身女性案例。

「我老家在大阪較為郊外的鄉下地方，那裡的女生，理所當然地大多都很早就結婚生小孩了。我的母親也是被這種想法感染的其中一人。

我過了三十歲後，親戚的姊妹們和媽媽朋友的孩子，都相繼結婚了。於是媽媽開始對我施加壓力：『妳為什麼不快點結婚呢？大家都有自己的家庭了喔！』

其實，我根本不想走入婚姻——而這原因就出在母親身上。

媽媽是全職主婦，總是不停抱怨『如果我有經濟能力，一定會馬上和妳爸離婚』。看到她那個樣子，我就覺得還是不要結婚，繼續工作、自給自足比較好。

但是，如果坦白說出『我不想變成媽媽這樣，所以決定繼續維持單身』這樣的真心話，一定會傷害到她的。所以，我覺得還是拉開一點距離比較好，因而搬出去自己住。

然而，媽媽每次打電話給我時，都強硬地勸我還是要結婚。每次接到媽媽的電話，我的頭就會突然痛起來。雖然想和媽媽完全斷絕關係，但就現

實層面而言，這實在是不可能的。我現在很煩惱，究竟要如何和媽媽相處下去。」

這位女性的母親，對自己的婚姻生活感到不滿，然而，她還是勸誡女兒要早點結婚——乍看之下很矛盾，但也是十分常見的情況。**這源自於「自己的人生是正確的」這種心情，亦即潛伏著將自己正當化的欲望**。

像這種將自己正當化的欲望，不管是誰都或多或少會有。譬如說對工作感到不滿，但還是希望孩子能夠繼承自己的工作，與自己從事相同職業，這種父母的心情也是肇因於此。

每個人都希望「自己的人生是正確的」，這位女性的母親也是。就算滿嘴抱怨，但還是不想全盤否定自己結婚、生兒育女至今的生活方式。因此，還是希望女兒成立家庭，一而再、再而三地打電話來勸誡女兒。

問題是，女兒不想結婚的原因就出自母親，她卻沒有這份自覺，孩子當然也不會聽母親的話。

還有以下四十多歲男性公務員的案例。

「因為我一直不結婚，媽媽似乎覺得很丟臉，最近一直拜託親戚、朋友介紹年輕的女性給我認識。為什麼是年輕女性呢？自然是因為她希望能生出繼承家業的小孩。

然而，我已經沒有結婚的打算了。

以前有想要成家的念頭時，都被媽媽阻止，因此我知道要成為我的妻子一定很辛苦。還在讀書時，我只要把女朋友帶回家，對方就會被百般刁難，最後不得不分手。

成為公務員後，我也有認真考慮結婚的女同事，但媽媽要求『希望媳婦能辭掉工作專心做家庭主婦』，而且『一定要住在一起』，女友很害怕

地說『我沒辦法接受那樣的婆婆』，最後就和別的男性結婚了。因為曾經發生過這樣的事情，所以即使有誰介紹年輕女性給我，我媽還是會挑剔這、挑剔那的吧？縱使如此，她還是不停抱怨我都沒有成家的打算，總是叫我『快點結婚』，我真的覺得很厭煩！」

這位男性的母親，一**邊催促兒子『快點結婚』，但內心又覺得只要兒子結婚了就會離開自己，抱持著這種不安感，一直做出「阻止兒子結婚」的行為，但她卻毫無自覺**。像這樣妨礙孩子幸福卻毫無自覺的父母，是最麻煩的。

想以金錢支配的父母

對孩子支配欲強烈的父母，也常常把錢掛在嘴邊。

「也不想想是誰幫你出錢的！」、「你以為是誰把你養大的！」會以這樣的說話方式來堵住孩子的回應。

這種父母的主張，就某方面來說是正確的。的確，給予孩子食物、衣服等必需品的就是父母——然而，**父母對孩子本來就有養育的義務**。此外，因為孩子無法賺錢，所以在經濟面上也只能依賴父母。這些父母完全不顧這些，開口就講錢的事情，擺出一副施捨的嘴臉，導致孩子也只能以攻擊回應。

我在孩童時代，也曾因父母動不動就講錢而煩惱。

我從三、四歲開始學鋼琴，但那是因為父親在大學時曾在管絃樂團中拉小提琴，甚至自稱「莫札特狂人」，在他強烈的期望下我才開始學琴的。然而，我知道自己並沒有才能，每週一次的上課時間讓我感到痛苦不已。

當然，由於疏於練習，技巧也完全沒有變好，還常常惹鋼琴老師生氣。

爸爸會在上鋼琴課的日子開車來載我，在歸途中，他說：「我付那麼多錢讓你學琴，你卻完全沒有進步，真是浪費錢！」讓我非常受傷。

爸爸也許是想以「我都付了那麼多錢讓你上課了，你應該更努力練習」來鼓勵我，但只要牽扯到金錢，就讓我覺得，我好像並沒有符合那些錢財的價值一般。以現在的表現方式來說，就好像在責備我ＣＰ值不高一樣。

況且，又不是我自己想要學鋼琴，只是因為父母的期盼我才去學的，讓人總是忍不住生氣地想：「為什麼我要被說成這樣！」

在選擇未來志願時也是。我的夢想是進入文學系，成為新聞記者或作家，但父母完全不允許。他們只一味主張「你要成為醫師」、「進入文學系根本毫無出息」！

我的爸媽都不是醫生，也沒有要我繼承的醫院，但他們還是固執地要孩子進入醫學院。我想，這有兩個理由，其一是經濟面——在鄉下地方，說到有錢人就只會想到醫生，他們大概是希望我能成為開業醫生，然後賺很多錢吧？

另一個理由，應該是希望我成為醫生後，能讓我的伯父刮目相看。父親小時候很優秀，但就職的公司破產後，他只能回到鄉下老家，在小公司裡每天過著鬱悶的日子。另一方面，伯父卻在都市中的大公司工作，生活十分富裕，所以父親對伯父抱持既羨慕又自卑的情節。雪上加霜的是，同住的祖母總是將父親和伯父拿來比較，她的口頭禪是：「果然還是在大公司工作比較好呢！」

對這樣的爸爸來說，千載難逢的「敗部復活機會」終於來了——我堂哥參加國立大學醫學系的考試，卻兩次都沒有考上。雖然考上了私立大學醫學系，學費卻是上班族伯父所無法負擔的高額數字，不得已只能放棄，最後進入私立大學的理工系。

從那時候起，雙親開始勸誘我去參加醫學系考試。「姪子無法實現進入

醫學系就讀的夢想，卻由自己的女兒實現，這樣一定能讓大哥刮目相看了」——我想這樣的可能性很高。母親會有同樣的想法，大概是因為伯父的妻子出身名門，而祖母老是將她們拿來比較，造成母親的自卑情結有關。

以上的理由，造成父母懇切地希望我進入醫學系。雖然我說想進入文學系，但他們根本聽不進去，最後甚至說：「妳如果不去念醫學系，我們就不出學費！」所以，最後我不得不改以醫學系為目標。

我進入理科班級，拚命地念書，參加醫學系考試，最後終於合格了。在收到合格通知書時，母親的一句話大大地打擊了我——她以滿面笑容說：「這下子終於有搖錢樹了。」

這或許是她不小心吐露的真實心聲吧。終於考上醫學系的我，在母親心中成為一棵「搖錢樹」，忍不住不小心喜形於色了。而我成為醫生後，母親也瞞著我，偷偷尋找要讓我開業的土地，這是祖母告訴我的。

母親與祖母是世間常見的婆媳關係，兩人可說是水火不容，祖母只會說母親的壞話。所以如果祖母說了母親什麼，都只能姑且信一半。但我問了親戚後，發現這件事居然是真的，這讓我背脊一陣涼意，不住發冷。縱使如此，我至今仍然未成為開業醫師——這是我這棵「搖錢樹」對母親的小小報復。

像我的父母這樣，以不出學費要脅，想以金錢支配孩子的事情時有耳聞。譬如說，我認識的醫生曾這麼說。

「因為我老家是醫院，我又是唯一的男孩子，所以就理所當然地要繼承家業，只有成為醫生這條路。但其實我內心希望成為電影導演，因此想進入有電影學系的大學。但我這樣說之後，父親便說：『你到底在想什麼？我們家有三代繼承下來的醫院，醫生的兒子成為醫生是理所當然的事，怎麼可以去電影學系那種低程度的地方？要是如此，我是不會幫你出學費的！』

的確，電影學系的分數不像醫學系那麼高，但我是認真地想學習電影的……然而，因為父親說不幫我出學費，無可奈何之下，我還是只能去參加醫學系的考試。」

他進入醫學系後，還是盡力去參加電影的劇本寫作方式相關講座，但因為醫學系的課業和實習太忙碌繁雜，終究實在難以持續下去。最後，他沒能實現成為電影導演的夢想，現在任職於醫院。據說，他高齡的父親總是要求：「你也差不多該回家來繼承醫院了。」

只要父母說出「不幫你出學費」，孩子唯有聽從一途。或許也有人認為：「不過就是被寵壞了的小孩罷了！不要依賴父母，自己申請獎學金或打工去念大學不就好了？」然而，離開老家，不靠父母的援助，自己籌措大學學費或教科書等費用，同時還要負擔房租和生活費，其實真的是非常困難的事情。

正因如此，父母「不出學費」的威脅才會如此有用，讓孩子在選填志願時只能遵循父母的意思。我身邊有不少煩惱著「我的人生就這樣了嗎？」的醫生，以前的我也是如此，或許這就是所謂的「物以類聚」吧？

怒罵孩子的父母

從孩提時代就一直被罵到大，會造成心靈創傷。譬如說，有個三十多歲的單親媽媽向保育士諮詢：「我很生氣的時候無法控制自己，會忍不住大罵孩子。有時還會動手，我很擔心之後這樣下去，會演變成自己虐待孩子的情況。」

這位媽媽接下來前來我這裡就診，以下是她的故事。

「我的母親是稍有不如意，就會馬上生氣對我怒吼的人。就算是一點小事也會換了個人似地火冒三丈，所以我總是很謹慎害怕，過著看母親臉色

的日子。

譬如說，我如果不聽媽媽說的話，她就會歇斯底里地說：『妳讓我覺得很煩，滾出去！』然後將課本或書包從陽台丟出去。我稍微回嘴，她就會大叫：『小孩子憑什麼違逆父母！』、『沒有妳我就輕鬆了！』所以我完全不敢忤逆她。

此外，母親很熱衷於教育，我孩提時代只能看新聞節目，如果我看歌唱節目或搞笑節目，她就會說『這些都太愚蠢了！』然後馬上關掉電視。如果我學校成績不好，就會被罵得很慘。國中時有一次期中考成績考差了，母親就用很厚的參考書丟我，打到我的額頭出血。

過了二十年後，現在我成為母親了。因丈夫突然從公司辭職，自己開了小吃店，但卻不是很順利，甚至負債幾百萬日圓，最後離婚了。

因為如此，我回到老家，但母親卻大罵：『所以說妳就是不行啊。老公負債還跟妳離婚，真是丟臉！我們親戚中根本沒有人離婚，就是因為妳沒有看男人的眼光啊——最好不要討債討到我們家來！』

從那之後，我就不曾回老家，現在幾乎是斷絕關係的狀態。前夫也沒有給我贍養費或孩子的養育金，我只能把孩子放在托兒所去上班。雖然有人勸我『只要回老家就有人幫忙照顧孩子了』，但因為不知道母親會說出什麼話，所以我絕對不回去！

現在，雖然不會聽到母親的怒罵聲，但我自己卻幾乎每天怒罵我兩個兒子——東西亂放不收拾、不聽我的話——雖然有各種理由，但聽到我自己罵孩子的聲音，根本就和我媽一模一樣，忍不住覺得很可怕。」

像這樣會怒罵孩子的父母，大部分都是因為無法控制自己的情緒。此外，由於自己為人父母，就誤以為不管對孩子說什麼都可以，完全沒有衡量自己所說的話語會對孩子造成多大的傷害。也因此，他們會用令人無法置信的話來怒罵孩子：

「根本就不該把你生下來！」

「如果沒有你，媽媽就可以和爸爸離婚過著幸福的日子了！」

「你在幹什麼？怎麼會做這種事！你是笨蛋嗎？」

「你真的很沒用，死了算了！」

在這種怒罵之下成長的孩子，**有不少人在長大之後，對自己的孩子罵出這些當年父母罵他們的話，形成言語暴力所造成的心理虐待循環。**

不提供孩子所需的父母

也有父母不提供孩子的必需之物。最讓人印象深刻的是，不提供生存所需的食物，我聽過不少病人講過類似的故事。譬如有一位因恐慌症而住院的二十多歲男性，敘述關於自己生存至今的故事。

「我是在只有我和媽媽的家庭中成長的。親生父親在我小學低年級時，就因為賭債離家出走了。我還記得爸爸離開後，有一陣子，討債的人還會來我們的那段恐怖回憶。

之後，媽媽就整天喝酒，不做飯、不洗衣服也不打掃，家裡沒有吃的東西，所以我一天只吃一餐，總是餓肚子。班導師也知道我們家的事情，會給我剩下的麵包，但在回家的路上，欺負我的孩子會把麵包搶走、丟在地上並用腳踩。而且因為沒有洗衣服，所以我總是穿同一件衣服，也常常被霸凌說我『很臭』。

鄰居看不下去，跟民生委員商量，讓我接受生活保護。但母親還是一樣喝酒，也完全不做飯。所以我就拿了錢自己去超市，買甜麵包或泡麵果腹。

升上國中後，我開始學著自己煮飯。我買了米和青菜，但頂多也只能煮飯和味噌湯。

然而，母親也不吃，只是一味喝酒——一直過這樣的生活，身體當然搞壞了。我高中的時候，媽媽就因肝硬化和食道靜脈瘤破裂，吐血而亡。只要想起那時候的景象，我的心臟就會驚嚇得直跳，而且覺得喘不過氣來，覺得自己是不是也要死掉了。」

真是非常駭人的經歷。這位男性的母親恐怕已是酒精中毒的症狀，像這樣在放棄育兒的家庭中成長，就非得自己學會張羅食物不可。

很明顯地，這位母親的身體和精神兩方面都生病了，再加上又是貧困家庭。然而，也有些父母沒有生病，家裡也不貧困，卻還是沒有提供孩子足夠的成長所需。

其中，在女孩子身上會發生的，還有不買內衣這件事。其實，我國中的時候家裡也不買內衣給我，朋友知道了以後說：「會從上衣透出來，男生看到會笑妳的。」因此我用自己的零用錢買了。

成為精神科醫師後，我也常聽到女性患者說：「爸媽不買內衣給我，讓我覺得很丟臉。」另外，也有女兒患有飲食障礙的母親跟我說：「女兒國中時我沒有買內衣給她，她一直不諒解我。」

像這樣，有很多女兒是因為父母不幫自己買內衣，而蒙受羞恥，長大成人後仍然恨著父母。這是因為有很多父母無法接受自己的女兒已經長大，成為擁有成熟身體的「女人」之故。

對子女們有差別待遇的父母

也有父母，在兄弟姊妹中，只特定不給某個孩子必要之物。像是以下這些案例：

「我從來沒有吃過家裡做給我的便當，一次也沒有，但爸媽都有做給弟

弟妹妹。」

「爸爸出差不在家時，飯桌上就只有媽媽和弟弟的飯菜。」

「哥哥可以去補習，但我從來沒補過習，總是一下課後就必須直接回家幫忙。」

像這樣，在兄弟姊妹間有差別待遇，往往造成孩子的內心創傷，更會為未來種下禍因。

典型的例子是，二〇一八年六月，在行駛中的日本東海道新幹線車內，發生了以刀刃襲擊車內三名男女，甚至造成一名男性死亡的事件。被告小島一朗犯下罪刑時才二十二歲，當時以現行犯被捕，之後被起訴殺人罪。

小島一朗所供述的動機是「我想進監獄。我想被判無期徒期。」、「不管是誰都好，我就是想殺人。」很難理解怎麼會是如此自私、任性的動機，但只要回顧他從出生至犯下罪行前的人生，就能看見他心底沸騰的，對父母的怒氣以及不被滿足的欲望。

小島一朗從五歲時，就被兒童保育所懷疑患有發展障礙中的「亞斯伯格症候群」，但母親卻認為「長大後就會好了」，所以沒有帶他去醫院。十四歲時，小島一朗自己前往醫院，母親卻因為費用太高，而不給予醫藥費（出自《週刊文春》二〇一八年六月二十一日號）。

最後，發生了至為關鍵的事件。國中二年級的新學期，母親為姊姊買了新的水壺，小島一朗卻只拿到別人送的水壺。那一晚的凌晨，小島一朗闖進雙親的寢室丟擲菜刀和槌子。後來，他對警察說：「因為只有姊姊拿到新的水壺，這種差別待遇讓我很生氣！」

對水壺的不滿，僅僅是冰山一角。小島一朗想必日常生活中都在忍受這種差別待遇吧？因為這起事件，他前往自立的支援團體去生活，在這個設施中可以念通信制高中*，並且進入職業訓練學校。在多愁善感的青春期，在這樣的設施中過了五年團體生活，他應該覺得自己被父母拋棄了……

當然，並非全都是父母的錯。但小島一朗在生活中感受到自己與姊姊之間被分了等級，並且產生被害意識；無法否定的是，這些怒氣與欲求不滿，是造成他日後犯罪的原因之一。

馬上改換「受寵兒」的父母

小島一朗的家庭中，姊姊很受父母疼愛，是父母捨得花錢的孩子；小島一朗則不受疼愛，父母不會多花錢在他身上。像這樣，父母在兄弟姊妹中分出等級的狀況，我們稱前者為「受寵兒」，後者則是「冷落兒」。

＊譯註：函授制高中，學生可透過網路上課，只要繳交小論文、定期接受考試，並出席某些面談即可取得學分。

來精神科診間的患者跟我商量：「我一直都是『冷落兒』，也因此怨恨著父母。雖然不會跟他們反應，但我一直都為此感到鬱悶，到底該怎麼辦呢？」以精神科醫師的臨床經驗來說，**「受寵兒」和「冷落兒」這種對比是很明確的，但並非「受寵兒」就一定過得很幸福**。

問題在於馬上改換「受寵兒」的父母。如果有這樣的父母，孩子會疑惑於是否要因為自己是「冷落兒」就直接放棄，抑或是安穩度日，等到身為「受寵兒」的兄弟姊妹因為不合父母心意，父母的關心就會突然轉到自己身上來。

譬如說，某位二十多歲的女性，雖然和雙親一起住在家裡，但她覺得「大我三歲的姊姊結婚離家後，母親就突然關心起自己，讓我感到有點痛苦」。

理由是：「姊姊從小成績就很好，也當過班長，在學校很活躍。爸媽想必很期待她。相對地，我的成績很普通，在學校也很不起眼。

去補習班或鋼琴教室時，姊姊是上學費昂貴的課程，我則是上便宜的課程。像是衣服或玩具等等，我也都是接收姊姊用過的。

小學時的教學參觀日，曾發生過我一輩子都不會忘的事。那天我明明有看到媽媽來學校，但是媽媽卻不曾出現在我的教室中——想來是都在看姊姊上課的模樣，根本沒時間過來看我吧？這對於當時還是孩子的我，心裡大受打擊。

姊姊大學畢業後，進入一流企業的綜合職位，母親還因此到處打電話給親戚炫耀。我大學畢業後雖然也進入不錯的公司，但母親還是只關心姊姊。

轉機是在去年。姊姊突然帶著馬來西亞籍的男性友人來家裡，說要結婚了。雖然爸爸反對，但媽媽的反對更是激烈。不但對姊姊和她男朋友破口大罵、亂丟東西，最後甚至大哭了起來。

媽媽始終都沒有答應姊姊的婚事，到最後，姊姊離家，和那個馬來西亞人結婚了。雖然會不時跟我傳訊息，卻似乎幾乎沒有跟媽媽聯絡。

結果很突然地，媽媽的關心全都轉到我身上來了。和我一起去買東西時，買了很貴的衣服給我，前幾天還說她會出錢，問我要不要去料理教室上課。

媽媽突然很關心我，我當然很開心；但相反地，我也突然覺得喘不過氣來。況且，一直到姊姊結婚前，她都覺得我可有可無；連教學參觀日都不願意來我教室的母親，讓我忍不住越來越感到生氣。

我真的很想對她大叫：『現在才來說這些幹嘛！以前的事妳記得嗎？妳知道妳究竟傷我多深嗎？給我好好道歉啊！』」

對這位母親而言，一直以來都把姊姊當成「受寵兒」，妹妹則是「冷落兒」。這是因為**對這位母親而言，最重要的是，實際感受到育兒的成功，擁有讓她享受優越感的孩子**。然而，以姊姊結婚為契機，母親心中珍貴的「受寵兒」變成妹妹了。

在姊姊結婚之前，能反映出母親的優秀教養的人是姊姊，但是和馬來西亞人結婚則超脫母親的理想範圍之外。因此，在某種意義上無可奈何地，妹妹取代了姊姊，成為媽媽的「受寵兒」——買昂貴的衣服，還讓她去料理教室上課。深究背後的原因，也許是為了提升妹妹的女人味，讓她與母親看得上的男人結婚，成為讓媽媽驕傲的女兒。

幫助「受寵兒」，卻信賴「冷落兒」的父母

這位女性的狀況是，曾經是「受寵兒」的姊姊已不再是父母期待的對象，且經濟也可自立，所以不需要父母在經濟上的援助。然而，若是「受寵兒」無法在經濟上自給自足，或甚至陷入貧困狀態，父母可能會從「冷落兒」身上索求經濟的幫助。

譬如說，三十多歲的上班族男性，向我抱怨他高學歷但失業的哥哥。

「我們家有兩個兒子，除了我，還有一個大兩歲的哥哥。哥哥很優秀，進入升學的完全學校，然後進入東京的名門私立大學，接著考上國立大學研究所，念了博士，也拿到博士學位。他拿到博士學位時，媽媽還打電話給許多親戚炫耀這件事。

另一方面，父母總是把我拿來和哥哥比較，總是說我『做不好』。所以我不像哥哥那樣去考國中，而是就讀當地的公立中學和公立高中，大學也只能就讀從家裡通勤可到的公立大學。因為哥哥花了許多學費，可能家裡沒什麼錢了吧？但我還是覺得差別實在是太大了。

我大學畢業後，進入一間不是很大的公司工作，結婚後搬出去獨立生活，目前也有兩個孩子。

最近狀況變了。哥哥取得博士學位後，卻無法在大學找到工作，一直都是講師，都已經快要四十歲了。當然，這樣沒辦法養家活口，所以一直接受爸媽的援助。更何況爸爸已經退休，現在是靠退休金生活，也沒辦法繼

續援助哥哥。雪上加霜的是，哥哥突然收到解聘通知，失去講師的工作，陷入經濟困頓。

因此，哥哥向媽媽求救，媽媽就突然來找我了。她看準我妻子不在的時候，來家裡拜託我：『爸爸的退休金已經不夠生活了，拜託你幫點忙。』

我給爸媽的錢，恐怕都拿去幫助哥哥了吧？但我不希望他們這樣用我的錢。畢竟我自己有兩個小孩，也要付他們的學費，實在沒有多餘的金錢。

從小時候起哥哥就是特別的孩子，而我總是被嫌棄『做不好』。那麼，來向這樣的我尋求幫助，是不是哪裡搞錯了呢？

所以我回答：『我們家也很辛苦，實在沒辦法，很抱歉。』結果媽媽瞬間變臉，態度很差地大罵：『都忘了我們對你的養育之恩嗎？父母有困難時竟然派不上用場，你果然什麼事都做不好！』」

這位男性的哥哥，對雙親來說是「希望之星」。雖然快要四十歲了還失業中，但是好學校畢業的博士，之後如果在名門大學拿到教職，應該就可以成為教授。因為這樣的期待，所以雙親才會持續幫助他。但因為現在自己無能為力，所以才要求弟弟的協助。

但說得難聽點，就算擁有幾個博士學位，年過三十五想在大學裡得到常任教職是很難的——因此，這位男性的哥哥很有可能繼續失業下去。

如果是這樣，最後也只能靠親兄弟來援助了。這樣一來，長期因身為「冷落兒」而鬱鬱寡歡的弟弟，當然更不會有在經濟上盡力援助的想法。

然而，**被拜託在經濟上支援，因而感覺到自己是被父母所需要的，也大有人在。但也因為不斷拿出錢來，之後自己陷入困苦的人也不少。**曾有位三十多歲女性，就向我說出她的煩惱：

「我姊姊很漂亮，是被父母寵愛著長大的，讓她讀千金小姐的大學，也

和菁英男性結婚了——但因為她很任性，自尊心又高，不到一年就回家來了。當然也不可能去公司上班，就待在家裡，老是和母親兩人進行美食之旅，名牌也是想買就買，父親去世後，我們家就越來越沒錢了。

另一方面，媽媽從小就對我說：『妳長得實在很醜，快去整形！』我高中畢業後進入職場，有著很普通的工作，也和普通的上班族結婚，生了小孩。平穩地過著日子時，媽媽突然來要求：『因為有困難，所以妳得幫忙。』雖然我不知道她怎麼有臉說這句話，但因為媽媽來拜託我，我還是很開心，就給了她幾萬日圓。但從這之後，她就常常來要錢，其實讓我很困擾。」

像這樣，一直覺得自己不被父母所愛的「冷落兒」，只要一被父母拜託在經濟上給予幫助，就很容易覺得「自己被需要了」而答應。這是因為，**他們想被父母喜愛，想要被認可，這樣的渴望比旁人要高，因此容易被父母乘虛而入**——這是非常需要注意的。

|第二章|

傷痕累累的小孩，帶著假面的大人

—為什麼父母要攻擊孩子呢？—

這些一邊說著愛孩子，卻一邊傷害孩子而毫無自覺的父母，到底是為了什麼呢？
其實，他們可能認為孩子是一項投資、潛藏著支配欲望、占有意識、特權意識、遷怒……等意念，或是複製自己曾受到的攻擊與傷害，因此會毫不在意地支配孩子、侵入孩子的私領域、對孩子們有差別待遇、情緒勒索，或是在意世俗的看法，逼迫孩子與自己中意的對象結婚……等等，甚至會虐待孩子的身體，造成無法挽回的悲劇。

父母心中的支配欲望

會攻擊自己孩子的父母，內心常常潛藏著「支配欲望」。當然，認為「孩子要照我的意思去進行」，這樣支配欲望強烈的父母，從古至今皆有。應該說，更早以前，親子間支配、被支配關係明顯的家庭，是更多的。

正因如此，古時候才會有許多因為家中貧困而讓兒子去別人家當僕役，或是將女兒賣到花街去的狀況。孩子被看成單純的勞動力，不僅不讓他們去上學，只是一味使喚孩子的事情也多不勝數。

這種「露骨的支配」，現在已經不太會看到了。乍看之下，似乎都很尊重孩子的自由與個性。然而，**表面上看起來沒有問題，但父母以委婉的手法加以支配孩子的家庭，其實所在多有。**我以精神科醫師的身分長年接受

親子諮商，感覺上**父母支配孩子的手法與以前相比是越來越巧妙了**。

這種父母支配孩子的關係，與其他關係比起來是更為麻煩的。理由有以下二點：

首先，**要從父母身邊逃開是極其困難的**。

譬如說，你在職場被權力騷擾（Power Harassment）的老闆支配。但不管再怎麼難捱，最後只要辭職就可以了。當然，失去薪水無法生活會很困擾，或是陷入工作很有成就感所以掙扎著是否要繼續做下去。但是，比起被權力騷擾的老闆搞到自己得到憂鬱症甚至自殺，「應該只要辭職就可以了吧」——只要下得了這種決斷，就可以從權力騷擾的老闆身邊逃開。

相較之下，要從父母身邊逃開是很難的，對幼小的孩子來說更是不可能。況且，縱使成長到某種程度，但只要無法賺到足夠自己生活下去的金錢，就仍然得在經濟上依賴父母。也就是說，孩子在某個時期內都得受到父母的庇蔭，無論如何都得依賴父母，也因此容易被父母支配——這也往往造成孩子陷入無法逃離的境地。

另外，**當孩子開始煩惱、想從父母支配的狀態下逃開時，支配欲望強的父母往往能夠敏感地察覺到。接著，就會想盡辦法阻止孩子自立。**有的會大罵「我辛辛苦苦拉拔你長大，你現在要忘恩負義嗎？」來強調自己的恩情；也有的會出動眼淚攻勢邊落淚邊問：「難道你要丟下媽媽了嗎？」但是無論哪一種，都是為了讓打算離開父母自立的孩子心中充滿罪惡感的手法。

就算以工作或結婚為契機，終於可以離開父母了，也可能因為失業或生產等原因，不得不回到父母身邊。因此，與只要離婚就可以逃離配偶的支配相比，想解除親子關係是很困難的。

一如「血濃於水」這句話所說，血緣的聯繫是很難斷開的。尤其，支配欲望強烈的父母會更加強調血緣的聯繫。當然，為了讓孩子照自己的意思

去做，只要搬出血緣關係，孩子就難以再說些什麼了。**父母支配孩子的關係很麻煩的第二個理由是，這其中是有「愛」的**。先不論父母想支配孩子究竟是否出於愛，但至少父母自己是如此認為的。

譬如說，第一章所說，我的父母深切地希望我能成為醫生，動機雖然有想讓伯父、伯母刮目相看的成分，或是有很大一部分是希望我能成為「搖錢樹」——但以父母的心態上來說，會更加覺得「我為了這個孩子好，才希望她成為醫生」。

這份心情絕非虛假。我高中時，日本還沒有男女雇用機會均等法*，女性就職有壓倒性的不利，結婚後離職也是理所當然的。

*編註：台灣《兩性工作平等法》於二〇〇二年制定，後於二〇〇八年修正更名為《性別工作平等法》。

思考這樣的時空背景，我成為醫生後告訴母親「我其實不想成為醫生，所以真的很討厭去念醫學系」，母親回答：「這都為了讓妳好找工作。為了妳好，才叫妳去念醫學系的。」這些也絕非藉口。

首先，為了讓孩子有安定的經濟狀況，最好讓孩子將來能進入高收入的產業別——會勸孩子將來選擇這種職業的父母，絕非少數。這也是父母表現關愛的一種方式——起碼，父母自己是這樣想的。

這種父母的內心深處，潛藏著「只要孩子未來得到高收入，自己的老後生活就能安泰順遂，也能夠在他人面前顯現志得意滿的模樣」之欲望。然而，能察覺自己有這樣想法的父母幾乎不存在。

在這種父母的心中，自我欲望和關愛是交雜在一起的，我的爸媽也是如此。然而，**沒有人會承認自己的心中潛藏著欲望的漩渦**。因此，只會認為自己是因為愛孩子，才會勸誘孩子選擇高收入的職業，完全不會正視自己心中深層而黑暗的欲望。

這種想左右孩子選擇未來志願的方式，有像我的父母這樣使用威脅語句，恐嚇：「如果不去念醫學部，就不幫妳出學費！」另外，也有父母會使用暴力脅迫。但無論如何，父母還是一心覺得「自己都是因為愛孩子才會這樣做」。

面對有著血緣與養育之恩，說著「自己是愛孩子才……」的父母，孩子只能覺得「養育自己長大、有血緣關係的父母，也是為了自己才會這樣說……」因而不得不聽從。**血緣、恩情以及關愛，正是因為有這些束縛，父母對孩子的支配關係才會如此麻煩。**

增強支配欲望的「投資孩子」動機

二次世界大戰前的日本，大多數人只是為了維持生活而已，就用盡全力。因此，雖然生了很多孩子，但花在一個孩子身上的錢並不那麼多——不，正確來說，是幾乎沒花什麼錢在孩子身上。

然而，戰後因為高度經濟成長，日本這個國家變得富足的同時，少子化也持續進行中，投資在孩子身上的金錢大幅增加。當然，不同於被稱為「一億總中流社會」*的一九七〇年代後半到一九八〇年代，現在是「格差社會」*，極端地分成一部分的富裕層級，與經濟上並非那麼有餘裕的家庭——然而，就算是不那麼富裕的家庭，也毫不吝惜地投資教育經費。

這是因為，**許多人相信，進入「好學校」就能進入「好公司」，然後過著富足而幸福的人生**。因此，就算是不那麼有餘裕的家庭，也夢想著「透過教育進入上流社會」，就算縮減生活費，也要在孩子的教育上花大錢。

育兒不只花錢，時間與工夫亦然。孩子很多的時代，認為只要把孩子放著讓他們自己去玩就好了——但現在的社會並非如此。

譬如說，有位煩惱地睡不著的女性來到我的診間。她說，孩子進入棒球

隊或足球隊時，父親想當教練，母親則負責茶水點心。然而，因為和別的父母之間發生爭吵，所以想叫孩子退出球隊，但孩子卻很期待能去參加練習或比賽，正在煩惱到底該怎麼辦。

此外，許多女性在生育或育兒方面也投注比以往更多的精神，而花費大把時間與金錢接受不孕治療，好不容易才懷孕的案例也越來越多，亦有許多女性因為生產而辭職。這樣的女性，或多或少覺得自己是不得不放棄了職業生涯、做出莫大犧牲來育兒的。

像這樣的狀況，她們難免會覺得「我犧牲那麼多，花了那麼多時間與金錢才生出孩子，就算多少按照我的意思來支配孩子，也理所當然吧。」

＊編註：「一億總中流社會」是一九六〇年代在日本出現的一種國民意識，在當時的終身雇用制下，九成左右的國民都自認為中產階級，有著「消費是美德」、「金滿日本」社會風氣。

＊編註：「格差社會」指社會上民眾之間形成嚴密的階層之分，不同階層之間經濟、教育、社會地位差距甚大，且階層區域固定不流動，改變己身的社會地位極難。

當然，父母對孩子灌注愛情的理想形式是「無償的愛」。但我覺得，實際上這只是一種幻想。所謂「無償的愛」，其實是將「絲毫不交雜自我欲望或打算，將純粹的愛灌注在孩子身上的父母」這樣的願望投射出來的名詞罷了；實際上，**有許多父母純粹只抱持著「交雜著自我欲望及打算的愛情」**。

「起碼要把自己的花費確實討回來」——沒有父母是完全不抱持這種願望的。要求回報的心情在不知不覺中悄悄運作，或許，這正是強化父母支配欲望的其中一個原因。

潛藏於支配欲望下的三個要因

那麼，為什麼父母會抱持支配欲望呢？可分為三個動機：**利益、自戀自愛、與攻擊者同陣線**。

首先是利益，這非常容易理解。最典型的，就是**父母期待孩子未來能夠得到高收入**。

譬如說，以成為一流的鋼琴家為目標讓孩子學習鋼琴，或是為了將來能成為職棒選手而敦促孩子特訓棒球——完全不聽孩子自身的希望，只一味以未來能得手的金錢為目標，強迫孩子走上他不想要的未來。另外，還有希望孩子繼承家裡的公司或醫院的父母，是因為他們計畫著「不要浪費過去的投資」。

這樣的計畫只會將孩子推向不幸，從我自己的經驗就可以推斷出來。醫學院的同學中，也有許多人是被雙親強迫踏上醫生之路。此外，因為老家經營醫院或診所，因而無視孩子本人的意願，希望他繼承而進入醫學院的狀況，也不在少數。這樣的人，其實有另一種隱憂。

醫生的工作，當然需要專門的知識與技術。因此需要好幾年的學習，最後還得通過國家考試。然而，實際上診察的時候，很需要的是「服務精神」

的一面——其中包括了要與患者面對面，問出病人有哪些症狀，為了讓治療順利進行，必須好好地說明與指導，非常需要溝通能力。

然而，因為父母的意思而心不甘情不願地成為醫生的人之中，有許多缺乏溝通能力的人。

確實，這些人頭腦很好，能理解數理科的知識，但不擅長與患者對話的醫生也是有的。就如同第一章所介紹，想與MR結婚但被父母反對的醫局祕書的弟弟，也是其中之一。

這位弟弟依照父母的希望成為醫生，但若能依照本人的希望從事IT相關工作，想必會更為幸福吧？且按照他的個性來思考，比起成為臨床醫生，成為基礎醫學的研究者會更適合他，但因為研究者無法得到父母所期待的高收入，所以也被反對。

我的父母也是如此期待孩子能有高收入，他們的信念是「從事高收入的

職業才會幸福」。然而，像我或是那些為了繼承家裡醫院或診所、不甘不願進入醫學部的同學們，在徹底了解自己的個性之後，都知道若是能從事自己所選擇的職業一定會更為幸福。

雖然說是「不幸」有點言過其實，但我還是醫學生時，也很煩惱是否要成為醫生。直到後來我成為精神科醫生，將臨床經驗寫成書且銷售得不錯時，我才終於能夠肯定自己的人生。

以我自己的經驗來看，**父母過度期待孩子未來的高收入，無視孩子的期望與個性，強行讓他從事自己所希望的職業，並不是正確的。對孩子來說，這只是「從父母而來的攻擊」**。

的確，想要生存就需要金錢，但**並非只要有錢就能幸福**。

自戀自愛——擅自將未實現的夢想託付給孩子

父母的自戀自愛，尤其是受過傷的自戀自愛，是父母抱持支配欲望最重要的動機。這樣說的原因是，受過傷的自戀自愛，以及由此而生的失敗感，會讓父母想要利用孩子，來實現自己未能實現的夢想。

典型例子就是棒球漫畫傑作《巨人之星》中的星一徹。星一徹是明日之星的棒球選手，然而，因為太平洋戰爭而從軍、在戰場上受傷，不得已唯有引退一途。因此，一徹將自己的夢想託付在兒子飛雄馬身上，對他進行嚴格的斯巴達教育。

就和所謂的「星媽」（Stage mamma）一樣，年輕時以活躍於藝能界為目標的女性，由於自己無法實現夢想，為了讓女兒替自己雪恥，於是自己成為經紀人安排女兒的藝能活動——這樣的母親，就和星一徹一樣，抱持著受過傷的自戀自愛與失敗感。

這樣的父母並不少。譬如說，考試失敗、對學歷抱有自卑感的父母，就會早早送孩子去補習班，斥責、激勵孩子為了進入「好的學校」，必須「努力讀書」。或者從小家庭不富裕，沒辦法去讀書的父母，就會讓孩子去學習自己想做卻無法做的事情。

如果做過頭，甚至會影響到夫妻關係。譬如說，有位三十多歲的上班族男性，因為二十多歲的妻子無法接受理想以外的人生而感到困擾。妻子對育兒有許許多多的考量，像是為了三歲女兒的未來：「差不多要讓她去學芭蕾舞和鋼琴，去考私立的名門小學了。」雖然不是壞事，但只要盤算稍微被反對就馬上生氣，所以沒有親近的媽媽朋友，丈夫也對妻子總是提出所費不貲的育兒建議而感到厭煩。

此外，丈夫最近因為受到公司業績惡化的影響而被減薪，當丈夫勸妻子去打工貼補家用時，妻子提出一堆理由：「這樣反而要花衣服錢和午餐錢。」、「我去打工的話，會被附近的太太們取笑的。」完全不想去工作。

不僅如此，也不特別實行節約，家事也做得很馬虎，只是徒增丈夫的壓力。

最大的問題是，關於女兒自己想做什麼、女兒本身有怎麼樣的才能，妻子都完全不在意——因為這對妻子來說，根本毫不重要。

會這樣的原委，來自於妻子自身從小就無法學習才藝或接受小學考試。幼時的她和母親兩人相依為命，母親為了生活打工而分身乏術，也不期望孩子能學什麼才藝，因此妻子從小學到高中都就讀公立學校，也因為經濟壓力而無法念大學。

妻子為此抱持自卑感，以及受傷的自戀自愛與失敗感，所以強烈地希望女兒學習芭蕾舞與鋼琴、參加小學考試。

像這樣抱持受傷自戀自愛與失敗感的父母，會因反作用力希望孩子能做「父母自己做不到的事情」，或是希望孩子能實現自己所無法實現的夢想。

這是因為父母想用孩子的成功來抹除自己人生中所嘗到的失敗滋味，並且修復受傷的自戀自愛。也就是，希望孩子代替自己去參與「敗部復活賽」——說穿了，**父母對孩子的期待，只是想滿足父母對本身的憐愛感罷了。**

父母將夢想託付在孩子身上，並非全都是壞事。有因為父親的特訓而成為一流選手的兒子，也有因為母親的管理手腕而成為一流藝人的女兒，如果這樣，也許父母與孩子都能得到幸福。

然而，並非事事都能成功。更何況，在一小撮成功者的背後，有數千人、數萬人的挫折與失敗。尤其是**父母不顧孩子的希望與個性，將自己的敗部復活賽與夢想強壓在孩子身上，招來不幸後果的危險性非常高。**

與攻擊者同陣線——模仿攻擊自己的人

父母抱持支配欲望的第三個動機，是「與攻擊者同陣線」。這是模仿使自己感到不安與恐怖、憤怒與無力感的人物對自己的攻擊，以便讓自己度過那些屈辱體驗的防衛機制，這是佛洛依德的女兒，安娜·佛洛伊德（Anna Freud）所提出的理論——「自我與防衛」。

這種防衛機制會在各種場合運作。譬如說，學校的運動社團中以「鍛鍊」為名目，接受學長姊近乎霸凌行為的嚴格訓練之人，等自己成為學長姊後，也會對學弟妹做出一樣的事。另外在職場中，被陰險的資深前輩挑剔的女性員工，也會對新進女性員工作出同樣的事。

與攻擊者同一陣線，這種狀況在親子關係間也會發生。由於自己在孩童時代被父母虐待，**明明想著「我絕對不要成為那樣的父母」，但自己成為父母後，卻對孩子做出一樣的虐待行為。這樣的虐待是連鎖發生的。**

每次接受連鎖虐待家庭的諮商時，我都想著「明明痛恨被虐待，那不要虐待孩子不就好了」，但很遺憾地，這樣的道理是不管用的。

反而，**正因為有「自己被不合理地對待，留下不好的回憶」這樣強烈的被害者意識，所以希望有人能體驗到與自己相同的感受**。不，正確來說，為了跨越這種不好的體驗，所以非得讓其他人也受到這種不好的體驗不可。

被父母支配的孩子也一樣。只要不聽父母的話就被暴力對待，所以絕對不能頂嘴；被期待從事高收入職業、繼承家業，亦或被強迫實現父母自身的夢想，而無法完成自己想做的事情……像這樣的人成為父母之後，常常會將父母對自己做的事情，再度加諸於孩子身上。

我總認為，如果討厭被父母支配，那就應該讓孩子自由，但世事常常並非如此。反而有「我是為了滿足父母的願望而生的，所以無法完成自己想做的事。因為我一直忍耐著，所以現在輪到孩子來滿足我的願望了。

只是這樣而已沒關係吧。」也就是說，父母因為自己過去感到痛苦，反而將對孩子的支配欲望正當化。

占有意識——為什麼會發生虐待兒童的情況？

對孩子支配欲望強烈的父母，同時也容易認為「孩子是我的東西」。這種「占有意識」若是以最暴力的形式表現出來，就會成為虐待孩子的父母。

譬如說，二〇一九年一月於日本千葉縣野田市，發生當時小學四年級的栗原心愛小朋友死於自家浴室的事件。她的父母都被逮捕。父親栗原勇一郎被控訴傷害致死罪，母親栗原渚則被控訴幫助傷害罪，兩人分別被起訴。

栗原勇一郎抓住栗原心愛的兩手將她的身體往後折，將她的臉壓在浴室的地上，施加壓迫胸部與臉部的暴行，造成她顏面撞傷與骨折。不只這樣，

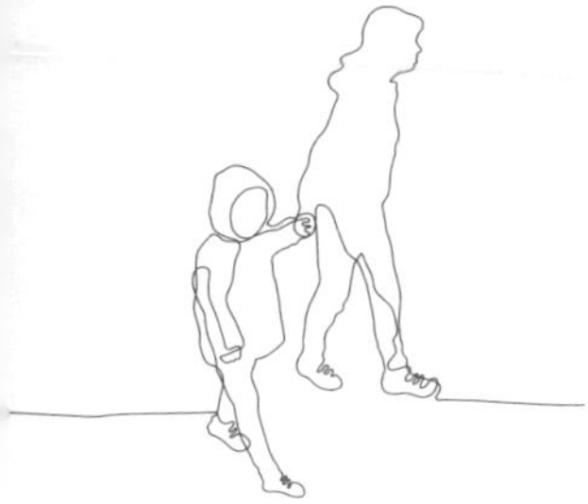

還讓栗原心愛手持穢物，並且用手機和數位相機拍下來。

真的讓人疑惑，究竟為何要這樣對待自己的親生女兒，然而，問過這些虐待孩子的父母後，諷刺的是，「正因為是親生孩子」所以他們才能做出這種事。因為他們將孩子當作自己的私有物，才能按照自己喜歡的方式去對待孩子。

事實上，「對於虐待孩子的身體，『因為是自己的孩子，所以想怎麼對他是我的自由』、『我想不想打小孩，別人沒有插嘴的餘地』，很多人做出如此發言」。而且，「這種類型的加害者，他們的獨占欲與他們覺得『虐待自己的小孩無所謂』這種想法，有很明顯的相關。」（出自《被家暴的孩子們——成為加害者的父母對家庭機能所造成的影響》，暫譯）

像這樣將孩子當成自己私有物的傾向，在性虐待的父母身上也看得見。「性虐待與『將孩子當成自己的私有物』有很明顯的關係，而近親強姦的加害者中，有人認為『將孩子當成性玩物也是父母的特權』。」（同前書）

栗原心愛小朋友也有被栗原勇一郎性虐待的跡象。她曾向暫時保護她的兒童相談所職員控訴：「爸爸脫掉我的內褲。」醫生也診斷為「有性虐待的嫌疑」。

栗原心愛說：「半夜被（爸爸）叫醒，叫我去看窗外有誰，然後爸爸就突然對我脫下褲子。他脫下內褲時，我反抗『不要這樣』，他就馬上穿起來，然後說『妳這樣說會被發現的』。」會這樣做，就是因為栗原勇一郎將栗原心愛視為自己的私有物，認為「以性為目的利用她也沒關係」。

這種所有意識，在家暴（Domestic Violence）加害者身上常常出現。栗原勇一郎也被起訴對妻子栗原渚有暴力罪行，亦即他對妻子也施加暴力。也就是說，栗原勇一郎是虐待孩子的加害者同時也是家暴妻子的加害者，這是因為他將妻子、孩子都視為自己的私有物。

特權意識——孩子是「為了讓自己看起來更好的附屬品」

與父母的所有意識緊密連結的，是「因為自己是父母，所以稍微怎麼樣也沒關係吧」這種特權意識。

這種特權意識，會以「滿足自己的願望與要求是家庭中最優先的順序」這種理所當然的自我中心想法表現出來。因此，只要孩子不聽父母的話，不照父母的意思去做，就會對孩子施加暴力。或者像我的父母這樣，強烈希望孩子從事自己所希望的職業，也是由特權意識所產生的自我中心想法。

這種自我中心最主要的部分，是一種孩子是「為了讓自己看起來更好的附屬品」（出自《被家暴的孩子們——成為加害者的父母對家庭機能所造成的影響》）的概念。也就是第一章中所說，比起孩子的心情，更重視世間虛榮的父母。

對這種父母而言，孩子是「讓自己看起來更好的附屬品」，是提升自己價值的徽章或寶石般的存在。因此會要求孩子要成為成績好、被老師喜歡、有許多朋友、多才多藝的「完美小孩」（Perfect Child）。此外，進入「好的大學」、「好的公司」這種「菁英光芒」，可以在鄰居或親戚面前表現出自豪的情況，也是常被要求的事情。

若孩子能確實扮演這樣的角色，父母就能滿足自我愛戀；但如果孩子無法成為「讓自己看起來更好的附屬品」，則會傷害到父母的自我愛戀。也就是會像第一章所提到的那樣，碰到考試失敗、或是與父母價值觀不合的婚姻時，父母就會生氣、對孩子破口大罵。

而且，父母會覺得孩子不能扮演好「讓自己看起來更好的附屬品」，所以讓自己丟臉了。當然，**丟臉的自己是被害者，而身為原因的孩子是加害者，所以當然可以責備身為加害者的孩子**。

此時孩子已經因為自己的挫折與失敗而受傷了，但還要承受父母的責備

或打罵。而且父母還理所當然地認為「因為你是讓我丟臉的加害者，所以我稍微責備你也是可以的。」

如果只是將孩子當成「讓自己看起來更好的附屬品」那還稍微可愛一點，但也有父母將孩子當成「搖錢樹」看待。這也是由「我是養育你長大成人的父母，所以做這點事是可以被容許的」這種特權意識而來。

譬如說，三十多歲的女性，原本都已經訂婚了，卻因為父母的關係而導致婚事告吹，她消沉到什麼事都做不了，因此來求助於我。

「我家只有媽媽和我，媽媽是美容師，在老家開美容院。然而，因為人口減少與高齡化，營業額年年減少也無力償還債務。因此媽媽哭著求我，我沒辦法拒絕，只能將幾乎所有存款，約四百萬元左右都交給她。

但這樣還沒有完。現在我每個月都匯給她五萬日圓，也就是每年約六十萬，是我年收的五分之一——這是頗為沉重的負擔，但母親說『我辛苦拉拔妳長大，孩子回報是理所當然的』，她甚至從來沒有對我說過一聲『謝謝』。

因為繼續做美容院也只是持續虧損，我想說乾脆收起來不要做了吧，母親卻挖苦我說：『如果不做美容院，只靠退休金我也活不下去。不過如果妳可以養我的話，我倒是隨時都可以收起來。』

這些我都還可以忍受，但最近發生了我無法忍受的事。已經訂婚的未婚夫，突然跟我提了分手。問他理由，他說：『妳媽媽拜託我借她錢。老實說，我真的無法和那樣的媽媽相處，我爸媽也這麼想，抱歉。』

實在是太震驚了，我哭了一整天。後來打電話問母親時，得到的回答卻是：『未婚妻的父母有困難時，理所當然要幫忙吧？連這種事都做不到，真是沒用的男人！』她絲毫沒有不好意思的樣子，當然也沒有道歉。」

這位女性的母親，就是認為「自己辛辛苦苦養大的女兒，稍微要求一

下也無所謂吧」。因此，關於自己使女兒變得不幸這件事，也絲毫沒有自責感或罪惡感。這就是因為身為父母的特權意識強烈的緣故。

有這樣的父母，孩子會過得很辛苦。這位女性說：「只要有這樣的媽媽，如果不斷絕關係是覺得無法結婚的。所以我真的很沮喪。但我又只有一位媽媽，當然也無法輕易捨棄她……越想越消沉，我也得不出答案。」

欠缺想像力

自我中心的父母，對於自己施加在孩子身上的暴言或暴行，究竟有多傷孩子的心，或是會讓孩子感到憤怒與反感，是無法想像的。不，正確來說，他們根本沒有試圖想像過。

欠缺想像力會發生在很多地方。譬如說，比較兄弟姊妹優劣的父母，從來沒有想過這樣會多傷害孩子，甚至會在孩子心中深植自卑感。他們甚至覺得「哥哥的成績比你好」、「姊姊那麼熱衷於社團活動」這種話，都只是一種激勵的方式。

然而，**被這樣事事比較成長，很容易變成自卑的人。此外，長大成人後自我肯定感也較低**。

例如，從小就一直被拿來與優秀的哥哥比較，對此感到十分厭惡的二十多歲男性說：「雖然我努力不想輸給哥哥，但讀書和運動都還是贏不過他。所以到現在都還是很沒自信。會這樣就是因為父母一直把我拿來和哥哥比較，以及哥哥實在太優秀了。我很討厭看到他們，現在也總是編造理由不想回老家。」

就我看來，這位男性已經非常優秀，可說是菁英人才了。但因為他的哥哥是超級菁英，兩人又常常被母親拿來比較，所以他的自我肯定感較低。這位男性的母親，原本或許是想讓他更努力，所以才拿哥哥來比較吧，卻

沒想到這樣會造成弟弟嚴重的內心傷痕，就算長大成人也無法放下。

像這樣欠缺想像力，與第一章中所說若無其事侵害孩子私領域的父母也很類似。父母擅自亂翻孩子的包包與抽屜、丟掉孩子的東西，從沒想過這樣會造成孩子多大的不快。

父母缺乏想像力，不僅會傷到孩子的心，甚至會在未來留下種種禍根。

怒氣的「置換」

欠缺想像力的父母，為了消解自己的憂鬱心情，會因一點點小事就大罵孩子，甚至施加暴力。這是一種「置換」怒氣的機制。

本來，**會感到怒氣，會想要對直接造成原因的人物一股腦地發洩感情是**

正常的。然而，無法這樣做，或是害怕直接反擊的時候，就會對其他事物發洩感情，以藉此取得內心的平衡——這是精神分析中稱為「置換」的防衛機制。

這種「置換」可以在不知不覺中消解憂鬱的心情，這就是人類生存的方式。原本讓人感到憤怒的，是自己的父母或公司的上司，對丈夫來說也可能是妻子……但因為害怕而不敢直接生氣，所以，就改變發洩怒氣的方向，將矛頭指向弱小的孩子。

換句話說，是將孩子當成沙包的替代品，這或許是因為在家庭之外扮演著「好人」，就算碰到有點生氣的事情也會忍耐下來。像前述的栗原勇一郎，在家中是個暴君，稍有不滿就對妻子暴力相向，但對外卻顯現出「穩重」、「溫厚」、「謙遜有禮貌」、「好相處」等面貌，這種類型的虐待或家暴加害者並不在少數。

當然，這有可能是因為強烈的虛榮心，也或者並不只是如此。因為在外

面想展現好的一面，所以在家庭之外會壓抑自己的怒氣，若無法以某些形式將怒氣發洩出去，就會逐漸囤積。因此，不得不將家庭中最弱小的對象視為發洩對象。

正因為有這種雙面性，鄰居或職場上的人容易有「這樣好的人才不會有虐待他人的行為」這種偏見。這也是虐待不容易被發現的原因之一，也因此招來虐待致死這最糟糕的結果。

對孩子的忌妒與羨慕

一般認為，父母都期望孩子能過得成功又幸福，當自己的孩子過得幸福時，父母也會一樣喜悅。

然而，實際上也有父母是羨慕自己的孩子的。英國的精神分析家，史戴分．格羅茲（Stephen Grosz）也介紹了好幾個這樣的案例（出自於《說不出的故事，最想被聽見》一書）。

例如，有個母親不小心將女兒買的Prada羊毛套裝裙塞到洗衣機裡洗壞了。格羅茲特別提出，這位母親是在貧困的家庭中成長的，並認為這是父母羨慕孩子的典型案例。

在貧困家庭中長大的父母，有些人不希望自己的孩子也有同樣悲慘的回憶，所以不管孩子想要什麼都會買給她，但這位母親似乎不是如此。

就如同佛洛伊德的睿眼所看透的，「失誤行為是由兩種意圖干涉而生的內心行為」（出自《精神分析學入門Ⅰ》一書）根據這個理論，這位母親會做出這種失誤，一方面是因為很高興女兒能穿上Prada的服飾，一方面也對這份幸福抱持羨慕的心情，同時，也對無法享受這份幸福的自身人生感到憤怒。

當然，父母是完全不會意識到自己羨慕著孩子的，大概會徹底否定地認為「我心中絲毫沒有這種想法」——這是因為**沒有人會承認自己內心深處潛藏著忌妒、羨慕這種見不得人的情感**。也因為如此，所以**不小心將羨慕與忌妒脫口而出時，都要「偽裝」成是一種忠告**。

譬如說，對於熱衷什麼而有點得意忘形的孩子，父親會說「你太自滿了」、「裝大人」等話來打擊他；而母親會一邊感嘆孩子一點都不懂得感恩，一邊說出「你都不知道自己有多幸運」、「我以前才沒有這樣的東西」……等真心話。

這樣的父母，對於自己的孩子「每日成長的的肉體與精神上的強韌、快樂、幸福，以及在物質上的擁有」感到羨慕，更重要的是，「對於孩子所潛藏的可能性感到忌妒」（出自於《說不出的故事，最想被聽見》一書）。

雖然聽起來很駭人，可能會讓讀者覺得自己是不是看錯了。但的確有這樣的父母，我也曾聽過一位三十多歲女性說過這樣的故事。

這位女性，總是被母親說「快點結婚」，但她每次介紹想結婚的對象給母親認識時，都會被挑出各式各樣的毛病，最後導致無法結婚。

這位母親因為丈夫出軌而離婚，也沒有拿到贍養費或養育費，只能自己一手拉拔女兒長大。所以也許她很擔心女兒結婚後，會剩下自己孤孤單單一人，因而干擾女兒結婚也說不定。又或者，抱持女兒要照自己意思去做的支配欲望，阻止外人進入自己的家庭。更也許不只如此，我想，她的內心很可能潛藏著忌妒與羨慕女兒幸福的漩渦。

當然，母親自己完全沒有意識到這件事，她只會覺得自己是要「守護女兒」才造成婚事告吹。像這樣事後也完全沒有罪惡感，毫無自覺地就破壞掉自己兒女的人生，這正是無法不攻擊孩子的父母的恐怖之處。

認為自己是正確的信念

最麻煩的是，**許多攻擊孩子的父母，一心一意認為自己是正確的。當然，他們毫無攻擊孩子的自覺。**

認為自己是正確的信念，正如同前述的栗原勇一郎，他在接受警方調查時說：「我不覺得自己的教養有哪裡做錯了。」而這恐怕確實是他的真心話。

將會致人於死的的暴力稱為「教養」，真的讓人難以理解，也讓人猜想這或許是用來逃避責任的詭辯伎倆。然而，虐待的加害者中，「有不少人將虐待視為愛情的證據，甚至表示『如果不愛他就不會那麼做』（出自《被家暴的孩子們——成為加害者的父母對家庭機能所造成的影響》）。

栗原勇一郎也同樣擁有「虐待是愛的證據」這樣的價值觀，這種類型的人有強烈的虐待孩子傾向。「他們會以傳統價值觀將自己虐待的教養方式正當化，常將『慈母出敗兒』、『我怎麼可以成為那種放任孩子的父母呢』掛在嘴邊。」（同前書）

像這樣將愛情與虐待混在一起，是虐待加害者用來自我正當化的手段。透過自我正當化，會認為自己都是正確的，對孩子施加那樣嚴重的暴力也是沒有錯的——自我正當化，是幾乎所有攻擊孩子的父母都有的特徵。

他們認為，不管多深刻地傷害了孩子的身心，都只是為了孩子好罷了。**責罵孩子、施加暴力，都是因為孩子做錯事，那些處罰都只是要導正孩子的行為**——這樣的父母，不會承認自己是錯誤的。

當然，也絕對不會道歉。我的父母也是如此，因為他們相信自己只是為了孩子好，所以孩子理所當然應該要感謝他們，父母也當然沒有必要道歉。最後，親子雙方的情況會演變成——

孩子認為：「為了滿足父母的願望，我的人生被扭曲至此，希望父母起碼能說句對不起」；

但父母只認為：「我都是為了孩子才這樣做，他卻絲毫不懂我的用心良苦」。

抱持自己是正確的信念，造成許多親子間產生齟齬。漫畫家萩尾望都也有這樣的經驗，並且記錄在《一瞬與永遠》一書之中。

萩尾從國小到高中都持續畫漫畫，但父母卻一直加以反對，因此萩尾的心中總是很複雜——「『為什麼不能做自己喜歡的事情？就讓我安靜畫漫畫嘛！我又沒有變成壞孩子！』有像這樣的憤怒，以及『就像爸媽說的一樣。竟然一直畫被禁止的漫畫，我真的是個壞女兒。我對不起他們。』這種真心的罪惡感，如蹺蹺板般在心中上下擺盪。」（出自《一瞬與永遠》，暫譯）

然而，「反正不管說什麼他們都無法理解，所以我也不說自己的意見了」（同前書），青春期時告訴父母這件事，之後也沒有嚴重的爭執。最後，雖然像是先斬後奏般地成為漫畫家了，但以沉默來報復的情況，從萩尾二十歲後半一直持續到三十歲左右。

之後，萩尾為了節稅而成立公司，父親則成為社長。因為父母對工作提出意見，萩尾回應：「不要對我的工作說三道四的。」後來，發生了這樣的事——

「父母原本就對我這個當他們不存在的女兒非常不滿，而會這樣的源頭就在於『漫畫』，所以他們再次要求我不要再當漫畫家。當然，他們是非常認真的。

我斷絕關係了。我解散公司，單方面地與父母斷絕關係了。」（同前書）

畫出《波族傳奇》等傑出作品的萩尾，是個真正的天才。或許也有很多讀

者會和我一樣，不解究竟為何她的父母會做出「不要再當漫畫家」這種要求。

而說到「父母非常認真」這件事，對於一心一意相信自己是正確的父母來說，這是理所當然的事。這一點萩尾也很明白，她說：

「認為『我們是正確的』、思想聖潔的父母，他們只是希望女兒也能和他們一樣思想聖潔，完全不認為自己有任何問題。」（同前書）

就是這樣。許多攻擊孩子的父母都覺得「自己是正確的」、「自己做的事沒有任何問題」。**抱持這種信念的父母，絕對不會改變自己的價值觀。並且，會秉持自己相信是正確的價值觀，持續要求孩子這樣做、那樣做。**

我的父母也是如此，他們一直都認為讓我進入醫學系是正確的抉擇。雖然父親已經過世，但我那八十多歲、一個人住在鄉下的母親，至今仍叫我「回鄉下當開業醫生」。她大概覺得這樣是為了我的幸福著想，但這只是我不需要的善意，也永遠無法消弭我們之間的齟齬。

｜第三章｜

我的心，被父母殺死了

—攻擊性的父母會帶給孩子的影響—

你是否覺得自己不被父母所愛與認同，容易自暴自棄，卻有強烈的被愛渴望？

總是過於敏感地察覺他人的欲望，為了滿足他人，會做出過多的努力，卻永遠讓自己覺得好疲累？

內心充滿憤怒卻不被理解，覺得說什麼都沒有用，只能轉而傷害自己？

其實，這些可能都源自於原生家庭的傷害，讓你的心和身體都生病了……

「我果然很糟糕」——低落的自我肯定感

首先，攻擊性的父母所養育出來的孩子，自我肯定感較低落——這是必然的。

從小開始，無論多麼努力都無法得到父母的認同、一路被忽視長大的人，不會覺得自己是寶貴、獨一無二的人。此外，總是被「你不管做什麼都做不好」、「長得好醜，一點都不可愛」等話語貶低，有時還會被斥責的人，也無法好好地接受自己、肯定自己。

像這樣自我肯定感低落的話，便無法擁有安全感與自信，也因此會很在意他人對自己的評價，被別人的意見搞得團團轉。這也與從孩童時代就得看父母的臉色，否則無法生活有關。

在意他人的評價並非都是錯事。為了要在社會上生存，無論是誰，都多

少要在意「他人的眼光」。如果完全不在意，那就僅僅只是個行為旁若無人、隨心所欲的人罷了。

然而，**自我肯定感低落的人，會「過度」在意他人的評價，更容易受到影響**。此外，只要稍微覺得他人對自己的評價下降，就會很沮喪地認為「我果然很糟糕」。

最大的問題是，因為**持續不被父母認同、不被父母所愛，這種欲求不滿的狀態，會造成希望被認同、希望被愛的欲望比別人要來得強烈。**

因為不管多麼努力，父母也不會承認自己，不會愛自己。因此，自我肯定感更加低落，容易認為「自己是無藥可救的人」，而陷入自暴自棄的狀態。有時甚至會出現自殘行為。

例如，父親每晚都酗酒，而母親則將「真不該生什麼小孩的」掛在嘴邊、每天抱怨……因為無法繼續在這樣的家庭待下去，一位從國中開始就因偷竊、恐嚇他人而反覆被輔導，國中畢業後就離家，十幾歲即未婚生子的二十多歲女性，以下是她的故事。

「我從國中開始援助交際，因為不想回家，所以不得不自己賺錢養自己……不過，不只是因為如此。

反過來說，也因為『原來也有人會需要像我這樣的人』、『原來有人覺得和我在一起是很開心的事』，真的讓我非常高興，而且對方也對我很溫柔。畢竟，在家也只會被喝醉的爸爸揍，甚至亂摸我的身體，媽媽則老是抱怨『如果沒有妳我就可以離婚了』，讓我總是覺得：『如果我沒有被生下來就好了。』」

這位女性，一邊從事風化行業邊養育孩子，不時會恐慌症發作，因而前來求診。

由於身為單親媽媽，生活真的非常辛苦，然而她這麼說：「和父母斷絕

關係後，我現在靠自己生活，不需要依賴他們，也不用再被揍、不用被挑毛病、不用聽一堆抱怨。所以就算現在不時會恐慌症發作，但只要吃藥就好了，而且孩子也需要我，我現在可說是最安心的時候。」不難想像她的童年時代過得有多麼辛苦。

這位女性會有不良行為、甚至援助交際的最大原因，是因為父母無法滿足她被認同的欲望以及關愛的要求。一般來說，**青春期的孩子會有不良行為，大多是因為不被父母認同而感到憤怒、反感，所以想變成「壞孩子」以引起父母的關心**。我認為，這位女性也是其中之一。

「只要變成更好的孩子，也許就會被愛了吧」
——過多的奉獻

不被父母認同、不被愛的孩子，也可能變成極端的「好孩子」。

因為想被認同或想被愛的欲望比別人更強，所以會更努力去滿足父母的願望，只要被要求，就會努力去達成。

誠如法國的精神分析家雅各．拉岡（Jacques-Marie-Émile Lacan）所言：「人類的欲望也是他人的欲望。」不管是誰，或多或少都會察覺「他人的欲望」，並且當作是自己的欲望般地盡力去滿足它，藉此希望能夠被認同、被愛。

其中，有些人希冀能滿足「他人的欲望」，只要能被對象喜歡、被對象稱讚就感到非常開心。相反地，如果沒有察覺到「他人的欲望」，就會完全拒絕與他人扯上任何關係，將自己封閉在自己的世界中。

事實上，**察覺父母的欲望，滿足他們的欲望，希望被父母認同、被父母所愛，這是所有孩子不知不覺中都在做的事**。孩子讀取父母的心情後，就會盡量順應著父母的心情走。

譬如說，身為開業醫師的父母，希望孩子能夠成為醫師繼承家業，如果孩子敏感地察覺父母的欲望，可能就會說出「等我長大以後要成為醫生」這樣的話——但這並非僅只於醫生世家。只要孩子敏感地察覺父母希望孩子從事的職業之後，就會說出「等我長大以後要成為〇〇」。

想要滿足「他人的欲望」並非壞事。能夠察知「他人的欲望」的人，周遭的人大多會有「很伶俐」、「很能察言觀色」的正面評價。

然而，過猶不及，**若總是注意「他人的欲望」，漸漸地就會失去自己的欲望。在某些時候，甚至會有被操縱的危險。**

尤其是第一章所說，有支配欲望的父母所養育出來的孩子，為了滿足父母的欲望，會將父母所言當成第一順位，完全搞不清楚自己到底想要什麼、想要成為什麼。不，正確來說，**當父母認為自己的幸福＝孩子的幸福時，就會做出讓孩子搞不清楚的事情來。**

這種傾向在「冷落兒」身上尤為明顯。從小開始，兄弟姊妹就比自己受疼愛，總是被冷落在旁，所以必須不斷思考「要如何做才能被父母認同、被父母所愛」。當然，會比別人更敏感地察覺父母的欲望，並且為了滿足父母而做出過多的努力。

然而，這些孩子不管多麼努力都無法得到回報。譬如說，對於時不時透露出「好想要〇〇啊～」的父母，孩子會努力存下零用錢，買禮物來送給父母，但卻有可能得到「我不喜歡這個顏色」、「這東西沒用啊」、「我想要的是別的款式」這樣的回答，有時甚至會得到「我才不想要這種東西」這樣的答覆。

總之，不管送父母什麼，都無法滿足他們。

而對「受寵兒」的反應則是完全相反。「受寵兒」所贈送的禮物，不論是什麼，父母都會很開心。會露出笑容，以「△△送我的禮物真的很棒」、「△△的品味很好」等話語來稱讚「受寵兒」。

看見差別如此迥異的反應，「冷落兒」會再次認知到自己是不被愛的。若是在此時決定放棄爭取父母的認同與愛，不再做任何努力，倒是簡單；然而一般來說，孩子是不會如此簡單就放棄的。尤其是年齡越低，沒有父母的照顧與幫助就無法生存，所以若是不被父母認同、不被父母所愛，對孩子可說是攸關生存的問題。

因此，**孩子會想「只要我變成更好的孩子，說不定就會被愛了」、「只要我送爸媽更貴、更棒的禮物，他們就會開心了」，因而更加努力。但是到頭來，仍然不會有所回報**。最後，孩子失望了，滿是無力感，而自我肯定感也更低落了。

也就是說，為了讓父母認同、被愛，而過度地奉獻自己，卻因為沒有回報而更加失落……這樣的惡性循環會持續不斷，直到他長大成人。

第一章中所介紹的，因父母拜託在經濟上進行援助，認為這是父母需要自己的證明，因而持續供應金錢的「冷落兒」的案例中，有不少人都因為這樣過度的奉獻，而造成自己在經濟上的困頓。

「都是我的錯」——自責的罪惡感

被有攻擊性的父母養育長大的孩子，會有較強的罪惡感。這是必然的。畢竟，如同第二章所述，動輒斥責孩子、施加暴力的父母，總是將自己的行為舉止正常化，因此，會傳送「都是你不好」、「你真的很糟糕」等訊息給孩子。

這種父母很擅長讓孩子懷抱罪惡感。只要稍有不如意的事發生，他們就會巧妙地讓孩子覺得都是自己的責任，錯的都是自己。

譬如說，第二章所提到的栗原勇一郎，會以責備女兒「原本會很有趣的，但都被妳毀了」將自己的虐待正當化；而縱使被趕到浴室裡罰站，女兒還

是會覺得「都是我的錯」。

然而，讓栗原心愛在浴室裡罰站的理由，不過是除夕夜全家一起吃跨年蕎麥麵時，勇一郎被告對心愛說：「妳就不能用更好吃的樣子吃嗎？」——這分明只是在找麻煩而已，也就是挑孩子的毛病；只要有自己不喜歡的地方，就會嚴厲地責備孩子。而孩子會想「都是我的錯，所以才惹爸媽生氣了」、「因為我是個糟糕的孩子，所以被揍也是沒辦法的事」。

會讓孩子這樣想的特殊話術是：「如果你更注意一點，就不會變成這樣了」、「如果你更孝順一點，就不會頂嘴了」、「如果你想得更多一點，就不會做這種事了」，用這些話語，讓孩子覺得都是自己的錯。

或者，**明明是父母犯下施加暴力的錯誤，卻說得好像都是孩子造成的**，像是：「都是因為你是個垃圾，讓我氣到沒辦法不揍你，揍你害我的手痛死了！」

像這樣讓孩子懷抱罪惡感，讓孩子覺得「我被打成這樣都是自己的錯」。

其他常用的話術還有——

1「不順利其實是本人自己有問題」→不順利都是你的問題，像這樣責備孩子。

2「很多事情不順利，都是因為能力不足」→都是因為你沒能力，才會變成這樣。

3「有些人就是很愛抱怨，那些人都有問題」→只要被質疑、有人表示不滿，就會把錯怪罪到孩子身上。

另外，為了將自己正當化，也常常使用以下話術。

1「親子之間有話就要說出來」→貶低孩子、怒罵孩子的父母將自己正當化時使用的話。

2「正因為我愛你，才會對你如此嚴厲」→表達出「虐待是愛情的證明」的價值觀，將虐待正當化。

如果父母每天都對孩子說這樣的話，也難怪孩子會覺得父母是正確的，錯的都是自己。換句話說，**是父母將罪惡感深植到孩子心裡，最後讓孩子覺得「自己真的很糟糕」，自我肯定感更加低落**。

「為什麼我非得承受這樣的事情」——不能向爸媽發洩的憤怒，轉為欺負弱者

被爸媽植入罪惡感，認為「都是我的錯才會惹人生氣」、「因為我不好才會被揍」，如果長久地忍耐下去，孩子內心的怒氣會更加沸騰。

況且，隨著逐漸成長，發現其他家庭的爸媽會給兒女需要的東西，也不

會隨便斥責或毆打孩子，孩子就會疑惑地想「為什麼我得承受這樣的事情不可呢？」，同時也會累積怒氣。

然而，**這些怒氣是無法向父母發洩的**。在家中就算被父母斥責，也不能隨意回嘴，更不能回以暴力——如果這樣做，可能會被罵得更慘，甚至有更可怕的暴力行為在等著自己……說不定會連必需的食物都會被剝奪。

無法發洩出來的怒氣，就如同代謝不了的排泄物般堆積在心裡。這股怒氣非得發洩出來不可，就如同第二章所說，只有透過怒氣的置換，才能將心中的鬱悶都排解出來。

而要將堆積的怒氣發洩在無關的地方，其發洩的方式也有各式各樣。如果總是很焦躁、情緒不安定，也有可能因為一些小事情就發飆。此外，就算不是常生氣，但若是在奇怪的時候發怒，人際關係也會有問題，容易被孤立。

被虐待的孩子常常會成為霸凌的加害者。在家必須忍受不合理的事情、累積了許多怒氣的孩子，會在學校將怒氣發洩在比自己弱小的對象上，以排解自己的憤怒與怨恨，所以會引發霸凌事件——這和第二章所說，與攻擊者同一陣線，其背後運作的保護機制是一樣的。

因為自己讓父母生氣所以被毆打，若是在學校發現弱小的對象，就可用其來發洩自己的怒氣。譬如說，在家被毆打的孩子，在學校會毆打其他學生；或者在家被父母斥責「你是笨蛋嗎？」、「你去死好了！」的孩子，在學校也會對其他學生說出這樣的話。

「總是欺負其他學生」、「一直無法安靜下來、暴躁不已，還會破壞玻璃窗」，做出這些問題行為、被懷疑有發展障礙而到精神科來就診的孩子，在仔細詢問之下，我發現這個孩子在家也數度遭受虐待。

我並不是在幫這些霸凌別人的孩子說話，只是覺得爸媽不能將自己累積的怒氣發洩在比自己弱小的對象身上，透過攻擊這個對象，來消解自己的憤恨。因為這種攻擊是連鎖的——真是讓人感到恐怖。

「無法拿刀對著父母，只能割自己的手腕」——自殘行為與家庭暴力

總是被當成父母發洩怒氣的對象，而自己的怒氣也逐漸累積，有時會以自殘行為表現出來。

帝京大學醫學部附屬醫院精神健康科教授林直樹指出：「被虐待的人容易發生自殘現象。」（出自《割腕——克服自殘行為》，暫譯）擁有長年臨床經驗的我也抱持相同意見。

自殘行為最大的原因就是怒氣。無法直接向父母發出的怒氣逐漸累積、堆疊，最後一口氣反轉直衝自己而來，這種情況，常以割腕或大量服藥等

自殘行為表現出來。

尤其是割腕，是以激烈的方式表達對父母的怒氣。重複割腕行為的少女中，有人是這樣說的：「雖然很氣我的父母，但又無法拿刀對著他們，所以只能將自己的手腕當作他們來割。」這位少女將自己的手腕當作是父母般，以刀刃割傷——因為無法反抗父母，她只能使用這個方法來發洩怒氣。

不過，向自己發洩怒氣的狀態，不可能長久持續下去。其中也有很多人開始對父母惡言相向，像是常有男孩子毆打父母、破壞家具或家電等，家庭暴力的情況——只要開始對父母口吐惡言或發生家庭暴力，自殘行為就會停止。

換句話說，**「攻擊性朝向自己的自殘行為、頻繁發生自殺未遂的狀態，與攻擊性朝外的狀態，會交互出現」**，這是因為「怒氣的矛頭會交互朝向自己與他人」（同前書）。

不論攻擊性是朝向自己或是朝向外部，其最根本的原因都是對父母的怒氣，但大多數會傷害孩子的父母，都如同第二章所說的，一心一意覺得自己是正確的，從來不會想要試著去理解孩子的怒氣。更應該說，父母本身的價值觀已經固化了，根本無法理解孩子。

因此，對孩子來說，只會絕望與無力地感到「無論再怎麼說，爸媽也無法理解我」。

當孩子覺得「不管說幾次，最後也不會被理解，講什麼都沒有用了」的時候，就只能訴諸暴力——亦即透過自殘行為或是家庭暴力來表達。

就算如此，還是有許多父母仍然覺得自己是正確的，絲毫沒有想過要理解如此以自殘行為或家庭暴力吶喊著的孩子——這造成孩子內心更加絕望，認為「我都做到這種地步了，還是沒辦法被理解」，只能採取更為激烈的行為。

自殘行為與家庭暴力，乍看之下像是完全相反的行為。但探討其根源，皆是來自對父母的怒氣，差別只在於將矛頭對準自己，或是對準外部罷了。

「都是爸媽害的！」——暴君化的孩子

當家庭暴力變得更激烈時，甚至會發展至威脅雙親生命的暴力程度。

像是朝爸媽背後潑熱水、從二樓陽台朝爸媽丟擲盆栽，甚至拿刀相向。

也有孩子對父母提出無理的要求，成為可怕的暴君。

當孩子暴君化後，不管怎樣的要求爸媽都必須答應，只能如同奴隸般任孩子擺布——也就是換爸媽被奴役，並且因「如果惹孩子生氣，又會被暴力相向」而感到恐懼，孩子成為彷彿毒瘤般的存在。

有些父母因為困擾不堪，最後讓暴君化的孩子住進精神科醫院。我也曾擔任這種患者的主治醫生，在診療時我發現，這樣的患者對父母是抱持報復意念的。

暴君化孩子大多是以拒絕上學或不適應職場為契機，長時間待在家裡成為繭居族，最後在家裡對父母施加暴力。然而，**繭居或是家庭暴力長久持續下去，都只會讓孩子因為看不見未來而不安，不知道自己該怎麼辦而感到極度絕望。**

這種狀況下，本人變得暴躁也是必然的，要注意的是認為「都是父母害的」的責備，以及斥責的話語與暴力的行為。像這種怪罪到父母身上的原因，來自於受挫後不想承認是自己不夠好，又不能怪罪他人，最後只好將責任轉嫁到父母身上。

然而，**也不能一聽到責備父母的話語，就認為孩子是將責任推到父母身上，應該要思考看看，其中是否包含部分真實。**

例如，「因為你過度的期待，一直逼我念書」、「因為你一直把我和哥哥拿來比較，才會變成現在這樣」、「因為你逼我去參加國中考試——把我犧牲掉的孩提時代還來！」……等等。

就算父母對孩子有過多的期待、將兄弟拿來比較，或逼孩子去參加國中考試，也並非所有孩子都會拒絕去上學或成為繭居族。然而，因為某些契機而不去上學或不去上班，只是每天鬱鬱度日的孩子，就有必要探索其原因——而每當孩子說出是因為父母說了什麼、做了什麼，再去詢問父母是否真有其事時，大部分都是事實。

以精神科醫師的臨床經驗來看，我可以確定**孩子暴君化最大的原因，就是出自對父母的憤怒與報復意念。**雖然父母大概沒有自覺，但自己確實做了會引發孩子怒氣的事，而且從來沒有想認真回應孩子怒氣的打算，最後，孩子當然只能報仇了。

「原來我是失敗組」——「勝利組教育」的狹隘價值觀

當然，對孩子粗暴的行為與言語，或者無視與忽視等，都可能是原因，但並非僅只如此。就我所知，認為進入「好學校」、「好公司」才是幸福的價值觀，因而以念書為最優先事項的「勝利組教育」，也占了極大比重。

支援拒絕上學或繭居的年輕人重新出發、NPO法人社團「New Start」代表二神能基也主張，因為「只有成為『勝利組』才能生存下去」這種狹隘的價值觀，不斷逼迫孩子的教育所造成的問題，「『勝利組教育』就是所有問題的根源。」（出自《朝向父母的暴力——揭開家庭暴力的實際情況》，暫譯）。

當然，所有父母都希望「孩子很會念書」、「孩子能進入好學校或好公司」，但這種願望的根源，不光只是期望孩子幸福的心情，也潛藏著「想要炫耀孩子是『勝利組』」、「如果孩子成為『失敗組』，自己也很丟臉」

這樣的想法，只是幾乎所有父母都沒有自覺。

抱持這種不純正的心情，注重「勝利組教育」的父母，無法接受孩子最原本的模樣，甚至會有父母覺得「什麼都做不好的孩子，就不是自己的孩子」。

父母這種心情，就算不說出口，孩子還是能敏銳地察覺到。當然，也有父母會直接對孩子說：「你為什麼就是做不到呢？」

無論如何，孩子會被講究「勝利組教育」的父母洗腦，認為「如果不能成為『勝利組』，我就是個糟糕的人」。所以會拚命地念書，若是一切都很順利，問題便不會浮上檯面。

然而，除了一小部分生來就非常優秀的人之外，大部分人都無法「永遠是勝利組」，總有一天會在哪裡碰到挫折，而被父母「勝利組教育」洗腦的人，此時會很難再站起來。

很努力進入「好學校」，卻因為某個契機而長期拒絕上學；或是好不容易就職後卻辭職，並且因為想要進入「好公司」，而遲遲無法再就職。

這是因為**被父母灌輸了「除了成為『勝利組』之外，沒有其他生存方式」這種狹隘的價值觀，所以一旦受挫，就無法想像還有別的道路可走**，也不想去尋找。

就算選擇別的道路，也會被一直以來支撐自己的「很會念書」的自尊心所糾纏，而被「原來我只是『失敗組』」的自卑感所擊倒，失去所有再次站起來的力氣。

在精神科常見到這種事例。然而，我認為，將「除了成為『勝利組』之外沒有其他生存方式」這種價值觀強押在孩子身上，將他們趕入一條狹窄小路的父母，就應該接受——被自己的「勝利組教育」壓垮至無法站起來、在家庭這個密室中成為暴君、將父母當成奴隸般對待的孩子——的報復心

情才對。如果父母無法對自己一路篤信的價值觀打上問號，是無法阻止孩子暴君化的。

「會變成這樣都是你害的！」——家中的纏擾者

孩子成為家中的暴君後，有時也會成為「家中的纏擾者」。

對此，照護精神障礙者設施「Tokiwa精神保健事務所」創立者押川剛說，「家中的纏擾者的年齡，主要集中在三十多歲～四十多歲，持續繭居或失業狀態。父母一方面因暴力言語或各種束縛所苦，大部分也有到精神科就診的經驗，但家人都不知道該如何引導他們才好，呈現束手無策的狀態。」

（出自《「請殺了孩子」——這麼說的父母們》，暫譯）

另一個特徵是「（患者）本人擁有高學歷或很漂亮的經歷。」押川說，

「相較於從國中或高中就拒絕上學的人，高中就讀升學學校但在大學考試失敗的人，或是大學畢業後進入普通的公司，只就職短暫期間就離職的人比較多。一方面嘗到強烈的挫折感，一方面又自負於『我很會念書』。」（同前書）

近年到押川事務所諮詢的案例中，像這樣的例子呈現爆炸性地成長，我自己也接到許多類似的案例，甚至有其他認識的醫生跟我商量：「我家孩子是繭居族，家庭暴力也很嚴重，我該怎麼辦才好？」

我和押川的認知有一點不同——我的印象中，國中或高中就開始拒絕上學的案例比較多。

例如，「長大後理所當然要成為醫生」，若是在這樣的家庭中長大，從小學低年級開始就為了準備國中考試而去補習班，進入私立的升學國中後，因為同學都是很會念書的孩子，所以考不到好成績——從這個時候開始拒絕上學。

又或者是，以名校醫學部為目標，卻落榜好幾年，怎麼樣都考不上，最後成為繭居族。

就算選擇醫生以外的路，但一直以來支撐著自己的「我很會念書」自負感，卻仍然揮之不去，所以也不太順利。就算再挑戰一次大學考試，進入醫學系以外的學系，卻認為「我才不想跟這些低水準的傢伙一起讀書」而退學；或是就算找到工作，卻因為「和我想的不一樣」而馬上辭職。

因為失業的狀態長久持續下去，最後就成為繭居族了。接下來，可能會在家中長時間責怪父母：「會變成這樣都是你害的！」最後甚至有毆打父母的行為出現。而且，因為會在父母睡覺時大罵將他們吵醒，甚至訴諸暴力，造成父母慢性睡眠不足，身心疲憊。

像這樣的親子關係，由於「對父母執拗的攻擊、壓抑、束縛、依賴，以及只要超過界線就可能釀成殺害事件」這一點，和一般異性關係中的跟蹤狂、纏擾者（stalker）行為很類似，押川便將之命名為「家中的纏擾者」。

看著化身為暴君的孩子，會無法了解他為何會如此攻擊父母。然而，**只要仔細傾聽孩子的聲音，就會知道他其實是在報復。**

像是，從小就被要求要念書、無法和朋友去玩，若是成績不好，父母就不理不睬、冷漠以對，而只要稍微頂嘴，就會被怒罵：「怎麼可以這樣對爸媽說話！」此外，當孩子想要面對挫折或失敗時，父母不但加以安慰，甚至還會斥責：「為什麼不會做！」、「為什麼那麼沒用！」

這樣的家庭環境中，氣氛總是非常緊繃，讓孩子無法安心生活。因此，孩子會成為「家中的纏擾者」，其源頭還是來自於總是攻擊孩子、支配孩子，卻毫無自覺的父母。

押川說：「家中的纏擾者，也就是化身為『暴君』的孩子們，其成長過程中都受到來自父母的攻擊、壓抑或是束縛等等。也可說是**被過度干涉地養育長大，卻無法互相了解，而是在強烈的孤獨感中生活。**」（出自《「請殺了孩子」──這麼說的父母們》一書）

我深有同感。也就是說，為了報復「來自父母的攻擊、壓抑或是束縛」，孩子才會成為「家中的纏擾者」，因此，父母根本是自作自受。

厭食症、憂鬱症……那些內心生病的孩子

孩子的內心會生病。這也是當然的。自我肯定感低落、罪惡感高漲或是過度奉獻自我的人，內心生病的危險性總是比一般人要高許多。

然而，並不只是如此。

診療許多鬮居、厭食症孩子的精神科醫生高橋和巳說：「到了青春期，想從父母身邊逃開的心情，與想要聽從的心情，這種互相糾葛的煩惱有可能成為『心病』。」（出自《孩子為了拯救父母而得到「心病」》，暫譯）

我十分同意這種看法。

典型案例就是厭食症。**容易罹患厭食症的大多是「想達成父母期望的孩子」、「乖乖牌的孩子」，尤其又以女兒壓倒性地多**，這也是許多精神科醫師的共同認知。

第一章一開頭所介紹的二十多歲女性案例就是其中的典型，她們的母親大部分都是以過度保護、過度干涉、支配的態度養育孩子，以育兒的成就感來掩蓋自己的不足感。持平來說，就是想按照自己的意思養育女兒，像在玩「娃娃」般的父母。

在青春期會發生的問題，是明明到了該慢慢離開父母身邊自立的時期，但母親仍然支配著女兒，而身為「好孩子」的女兒無法反抗。因此，便產生了「從父母身邊逃開或是聽從的糾葛」，也就是圍繞著自立與依賴狀態的煩惱。

這樣的糾葛若沒有好好處理，就會形成無力感與絕望感。要掩蓋這種心情的手段之一，就是透過節食來控制、減輕體重。**被母親控制的自己，必**

須透過控制體重，來得到自己可以控制自己的感覺。

這種控制欲望，也就是支配欲望，是厭食症的根源之一。甚至有女兒因為厭食症惡化，體重不到三十公斤，生命已經受到威脅狀態，她說：「媽媽長期以來都支配著我，現在，輪到我支配她了。」（出自《Golden Cage——青春期暴瘦症之謎》，暫譯）我想，這句話，才真正是厭食症的核心吧。

為什麼得到厭食症可以支配母親呢？因為只要體重急速減輕、陷入危險狀態，母親就會陷入混亂，為了治好女兒的厭食症，做什麼都願意，被女兒耍得團團轉。可以這麼說——厭食症是女兒對母親的報復。

對父母復仇這一點，憂鬱症也是相同的。佛洛伊德針對憂鬱症的病理，有以下闡述：「不能直接顯露對他們的敵意，所以就讓自己生病，透過生病讓愛自己的人感到痛苦。引發患者感情障礙的對象，亦即其疾病視為目標的對象，一般來說就在患者身邊。」（出自《哀悼及憂鬱》，暫譯）

換句話說，「患者透過『處罰自己』這種迂迴的手法，來對原本的對象報仇」（同前書），而報復的對象往往就是父母。

例如，雖然對於父母偏心哥哥而煩惱，想說只要自己孝順父母就會被喜歡，因此拚命工作、以經濟援助父母的「冷落兒」弟弟，當他知道自己交給父母的錢，都被父母拿來和哥哥一起吃喝玩樂時，非常沮喪而陷入憂鬱狀態。

當然，**憂鬱的其中一個原因，也可能是因為知道自己不管再怎麼努力，哥哥仍然是不變的「受寵兒」而大受打擊**。然而，我想這其中，更包含了對父母的強烈怒氣。

古代羅馬的哲學家塞內卡（Seneca）說：「憤怒，是對不正義復仇的欲望。」他認為，復仇的願望是從憤怒中所生，而我認為，也有可能為了報復而變得憂鬱——只要因為憂鬱而無法工作，就不用再給父母金錢，父母也可能因此感到困擾。

然而，無論是厭食症或是憂鬱症，為了滿足報復父母的意念，讓自己的內心生病，**透過「自我處罰」而讓「原本的對象」感到痛苦——這件事原就是最大的悲劇。**

｜第四章｜

不勉強自己原諒，可以嗎？

—如何與攻擊孩子的父母相處—

如果對父母抱持著負面的情緒與感情，是否覺得自己「怎麼會有這麼可怕的想法呢」？甚至會責備自己、抱持罪惡感——然而，沒有這樣的必要。請放棄父母總有一天會洗心革面，理解你的痛苦，甚至對你道歉這樣的妄想吧。

「人類的感情，其實是無法無條件地理解、接受不合理的事情的。若是以『不可以不原諒』這種理由，勉強自己，也只是在自欺欺人而已。更危險的是，封閉起來的感情會一直持續凝滯的狀況。所以憤怒非但沒有消失，反而會一直在心底深處不斷累積。單單告訴自己『我已經原諒了』，其實根本沒有好好認識這份怒氣。」

改變父母的可能性，微乎其微

首先，應牢牢銘記在心的是，**想靠自己的力量改變父母是幾乎不可能的事**。原因在於，如同第二章所說，這種父母大部分都覺得自己是對的，而且也沒有「自己正在攻擊孩子或支配孩子」的自覺。

就算有自覺，父母也只覺得「自己是為了孩子才這麼做的」。

父母自己無法實現的夢想，想讓孩子去實現，就實行斯巴達教育——有時甚至施以暴力，「這都是為了讓孩子得到幸福，我只能狠下心來以重話激勵他。」這樣想的父母還不少。

也有些父母認為：「自己為了孩子犧牲那麼多，孩子照自己的意思去做也沒什麼關係吧？」

俗話說得好，「江山易改，本性難移」，父母這種想法恐怕到死都不會改變。

我自己至今也持續向母親發送這樣的訊息：「媽媽覺得對的事，我不一定覺得正確。而且媽媽的幸福和我的幸福不一樣。所以，請認同我的生活方式。」

但母親的思考方式仍然沒有改變。

也就是說，母親的幸福和我的幸福不同，這對我來說是理所當然的事，但要讓母親認同這件事卻非常困難。在面對八十幾歲的母親時，我深刻地感受到：**「這個人深信自己是正確的，所以，要改變她是不可能的。」**

有這種感覺的，不是只有我一人而已。接下來，來談談我所認識、四十幾歲女性的故事。

「母親從以前開始，就對我做的所有事情挑三揀四的。譬如說，國中時我想進入管絃樂隊，但母親非常反對：『要趁年輕時鍛鍊身體才行！』強迫我加入運動社團。我只好加入籃球隊，但因為練習非常嚴格，國一下學期我就遭遇挫折。母親便鬧彆扭地將買來的練習球衣丟向我：『特地買的結果都浪費了！妳怎麼那麼沒有毅力！』

帶朋友回家時，媽媽甚至在朋友面前對我說：『不要跟這種人來往！』有許多像這樣，只要媽媽不喜歡的同伴，我就不能來往的情況。

高中畢業後，母親希望我就讀牙科護理師的學校，似乎是因為某個認識的人告訴她『牙科護理師是很安定的工作』，但是我根本毫無興趣，因此和母親發生激烈的衝突，高中畢業後我就離家了。

在這之後，不管我做什麼，母親都還是會一直挑我毛病。甚至反對我的結婚決定，在結婚儀式上也絲毫沒有笑容。最後，我越來越少回娘家，幾年前父親過世後，我就幾乎沒有和母親聯絡了。除了我，家裡還有一個小

兩歲的弟弟，但他也和老家疏遠了。

去年，母親突然打電話給我，說是發現自己罹患初期胃癌，正在住院中。我當然不能放著不管，趕緊衝到醫院，結果母親抓著我的手，哭著說：『很抱歉我一直都對妳那麼嚴厲……』

那時，我忍不住哭了出來，覺得自己一直和母親保持距離，真的很對不起她。我家距離母親治療、住院的醫院，開車單程就要一個半小時，但我還是幾乎每兩天就去探望她一次。

一開始，我和母親的關係確實十分緩和，然而手術結束後大概過了一週，母親又故態復萌，如果我不小心忘了什麼，她就會大聲斥責：『為什麼連我說的事情都做不到呢！』此外，對於我家孩子的未來志願，她也不滿意，不管什麼都要挑毛病。

原本我還以為母親已經和以前不一樣了，然而，只要不聽她說的話就生氣這一點，根本和過去並無二致。最近，我甚至開始後悔：『果然還是不應該和母親見面的……』」

確實，人類最根本的個性，是難以輕易改變的。許多人和這位女性的母親一樣，表面上看起來似乎轉變了，但時間一久，還是會顯露出最原本的個性。

請理解「自己的爸媽是可怕的爸媽」

若是一直因具有攻擊性的父母而煩惱，心中會抱持期盼「父母能感受我所承受的痛苦」、「他們能理解自己」的願望。

然而，具有攻擊性的父母是完全不可能理解你的痛苦的；所以也更不必期待他們會道歉。

因此，**請放棄父母總有一天會洗心革面，理解你的痛苦，甚至對你道歉這樣的妄想吧**。

抱持相同期待或幻想的，還有在法庭上的被害者或家屬，他們希望「將自己的人生破壞得亂七八糟」的加害者，可以意識到自己犯下多大的罪行，希望他們能向自己道歉——但是，**能夠深刻感受被害者的痛苦，打從心裡感到後悔的犯罪者，是極為稀少的**。要將自己的父母視為「犯罪者」，大多數人們的心裡或多或少還是會有所抵抗。然而，請回想起第二章所說的栗原勇一郎，他是這麼說的：

「我只是在管教孩子，我沒有錯。」

——許多被控訴有虐待孩子情事的父母也是如此。這種父母，會頑固地否認虐待的事實，認為自己「不過是稍稍做過頭」罷了，況且也只是為了管教孩子，「一切都是出自於愛」，他們是這樣將自己的行為正當化的。

更甚者，還會生氣自己的孩子不懂得「知恩圖報」，讓孩子抱持罪惡感。這就是如前所述的，他們只一心一意認為自己是正確的。這種執拗的想法，會讓他們只要碰到稍微不如意，就會認為是別人的錯，而將責任轉嫁到孩子身上，這樣的父母並不在少數。

更可怕的是，這類型的父母大多很擅長讓人抱持罪惡感，因此，孩子會覺得「都是自己的錯」。例如，為了發洩自己的鬱悶而毆打孩子的父母，會同時責備「都是你的錯」，孩子就會認為「都是因為我不好，所以才會被打」。

這種狀態下，孩子會持續責備自己，充滿罪惡感。然而，真正有錯的，明明是為了發洩鬱悶而毆打孩子的父母——所以，**最重要的，是首先要發現「有錯的是父母」這件事**。

但是，要接受「自己的父母是很可怕的」，是一件十分困難的事情。所以，有許多孩子，不管被父母如何對待，還是不願意面對現實，只是以「父母都是為了自己，才會這樣做的」、「如果我更孝順，爸媽就不會這樣做了」等藉口來催眠自己。

然而，**如此扭曲現實，逼自己看見父母好的那一面，只會讓自己更痛苦而已**。有時候，甚至會影響身體狀況，造成頭痛、腹痛、心悸或噁心等症狀。因此，孩子應該盡早發現「父母是很可怕的」這件事實，並且，早日捨棄「父母會理解自己」的這種天真妄想。

擁抱自己對於爸媽的怒氣與憎恨

一發現自己的父母是很可怕的時候，腦袋中就會浮現出至今所承受的不合理對待或責罵，或許會覺得憤怒，或甚至感到憎恨。

如果對父母抱持這種負面的感情，一定會覺得「自己怎麼會有這麼可怕

的想法」吧？或許更會責備自己「真是個壞孩子」，甚至抱持罪惡感……

——然而，沒有這樣的必要。為什麼呢？因為對父母抱持憤怒或憎恨，是很自然的事情，無論是誰都會有這樣的感情。若是對父母只單純抱持愛情當然是好事，但**人的感情並沒有那麼簡單**。反倒應該說，交雜著各種感情的人是壓倒性地多。

佛教中有句「愛憎一如」，可恰如其分地說明這個狀況。愛與恨就如同「糾纏的繩子」一般，彼此緊密連結在一起——男女關係也是如此，愛得越深刻，被背叛時的憤怒與憎恨也越激烈。

親子關係也是如此。想被父母所愛的欲望如果越強烈，一旦被粗魯地對待，或是被過分的話語責罵，感覺到自己不被父母所愛，就會覺得憤怒。而若是知道不管自己多麼努力，都無法得到父母的愛，就會開始憎恨。

也就是說，雖然**希望能被父母所愛，卻得不到父母的愛，因此懷抱憤怒**

與憎恨，但其源頭都是來自於愛。像這樣對同一個人抱持愛、憎這樣相反的感情，在精神分析上稱為「矛盾情感」（aibivalence）。所謂「矛盾」，也就是與「愛憎一如」一樣的意思。

與精神分析完全不同的佛教，對於「對同一個人同時抱持愛、憎兩種相反的感情」這件事，也使用了不同的詞彙來說明，這表示這種精神狀態，對一般人來說是很普遍存在的。

因此，就算你對自己的父母抱持憤怒或憎恨，也不需要為此感到罪惡，因為這是一種強烈愛情的投射。況且，**除了你之外，也有很多人對自己的父母抱持憤怒或憎恨；所以有這種感情，其實是很正常的**。只要這麼想，就不必再責備自己，也會讓自己感到更輕鬆。

原諒父母，是沒有必要的

發現自己的父母很可怕後，是沒有必要原諒他們的——這是由暢銷書《父母會傷人》的作者蘇珊．佛渥德博士（Susan Forward）所說。

佛渥德認為：**「為了讓你對自己擁有良好的關係，將自我毀滅的人生改造成具有建設性的人生，因此，沒有必要非得原諒父母不可。」**

這與「原諒是痊癒的第一步」這種論調，是截然不同的。

這麼說的理由，是因為**「『原諒』，其實是一種陷阱」**。

「人類的感情，其實是無法無條件地理解、接受不合理的事情的。若是以『不可以不原諒』這種理由，勉強自己，也只是在自欺欺人而已。更危險的是，封閉起來的感情會持續凝滯的狀況。所以憤怒非但沒有消失，反

而會一直在心底深處不斷累積。單單告訴自己『我已經原諒了』，其實根本沒有好好認識這份怒氣。」

累積在心底深處，沒有被好好理解的這種感情，在精神分析上稱之為「被壓抑的感情」。尤其，**「被壓抑的怒氣」，會以各種形式表現出來**，讓自己更煩惱。大致上會以下面兩種形式表現出來。

首先是第三章所說，變成心病的狀態，其中以憂鬱症的狀況最多。由於無法直接將憤怒或敵意朝父母發洩出來，便反轉朝向自己。因而變成生病的情況，好讓父母痛苦——也就是**迂迴地透過自我處罰來向父母復仇，但卻幾乎毫無自覺**。

另外一種是如同第二章所說的「置換」，即改變怒氣的矛頭，將之發洩在毫無關係的對象身上。

換句話說就是遷怒。明明很氣父母，卻因為不能對他們生氣而壓抑，怒氣會因此逐漸累積。但累積的怒氣若不發洩出來，會無法取得內心的平衡，所以不管對象是誰都好，就是想遷怒。因此，總是看起來很暴躁，會讓身邊的人覺得是「很容易生氣的人」、「很可怕的人」。

無論是哪一種，都是因為勉強自己寬恕父母，沒有好好面對自身的怒氣，任其逐漸疊加。然而，**怒氣往往是「無法接受」某事的警訊，所以，不好好地面對自己的怒氣是不行的。**

當你被侮辱、被視若無物或是感覺自己被利用，怒氣都會逐漸累積。所以，要好好意識到「生氣」這件事，也要好好分析自己生氣的原因究竟為何。若這原因是出自父母，而父母是不會反省、不會道歉的，所以自己也「沒有非得原諒父母的必要」。應該說，我們都必須好好地忠實面對自己的情感。

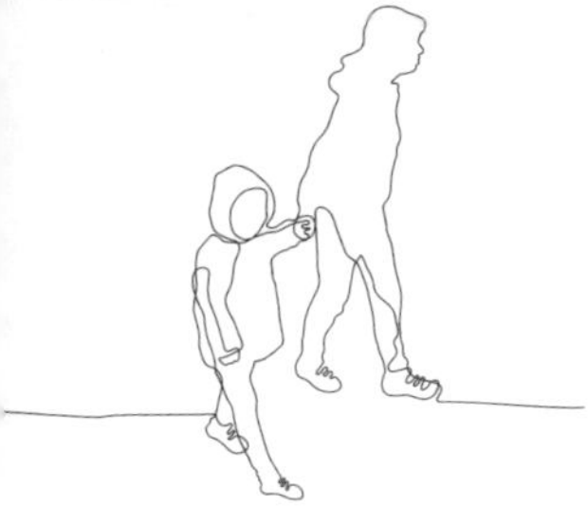

STOP！停止要求自己原諒爸媽

對於覺得自己必須原諒父母而煩惱的人來說，我真的誠心奉勸你，不要再對這件事情付出努力了。

原因很簡單。**越是認真努力叫自己要寬恕的人，就更會責備「無法原諒的自己」**，最後只會被「一定要原諒」的心情，與「無論如何無法原諒」的心情糾纏，而煩惱不已。想斬斷這種糾葛，就得從「非得原諒不可」這種道德觀中脫身不可。

從我們孩提時代，就一直被家庭或學校灌輸「非得原諒不可」這種道德觀。此外，這種道德觀也被整個社會大力地宣傳，甚至有提倡這種觀念的宗教。

然而，希望大家都思考一下。如果這是很簡單就能做到的事，就不需要人來教導「非得〇〇不可」了。事實上，正因為**原諒是一件極為困難的事**，所以才會在家中、學校中，甚至社會中，反覆告訴我們「非得原諒不可」。

對於會灌輸這種道德觀的情況，佛洛伊德巧妙地指責為「對文化的不滿」，是因為「人對人是狼」（出自《幻想的未來／對文化的不滿》，暫譯）

佛洛伊德說，人類是「對於自己想攻擊的對象，會無報酬地榨取其勞動力，未經同意就對其取得性的利益，搶奪其私有物，給予侮辱、痛苦，甚至加以拷問、殺害。」（同前書）

很遺憾地，他所說的是我們不得不認同的事實。而且，本書行文至此，也已經介紹了許多父母毫無自覺地攻擊孩子，讓孩子痛苦的案例。甚至也有未經同意，便在性欲方面利用孩子，或是將之殺害的父母。

若是因為父母的關係而受害，想必會無法寬恕吧。關於怒氣，就如同第三章所說的，會與報復的意念連結在一起，若是無法停止，一心只想著「以

牙還牙，以眼還眼」，只想著要復仇的狀況，也不是不可能。

這樣會演變成什麼狀況呢？孩子會攻擊父母，最糟糕的狀況就是「犯下殺害父母的罪行」吧？父母也可能會覺得自己不能被殺，「要在被殺之前先下手」，因而犯下殺害孩子的罪行也說不定。

如果弒親或殺子案件頻繁發生，社會也會隨之崩壞。為了不要演變成這般地步，請停止「一定要原諒」的念頭。**不要再邊想著「不能不原諒」，卻又因為做不到而煩惱不已的想法**。

當然，可以原諒是最好的，但實際上有很多人無法做到。例如，孩提時代因為父母而體會的痛苦經驗，至今仍以苦痛的形式糾纏著自己——那麼，無法寬恕父母也是理所當然的。**身為孩子的你沒有任何責任**，請盡早停止那些要求自己原諒父母的想法吧。

覺得自己「必須原諒」的人，有著強烈的超自我意識

總是想著「必須原諒」的人，無論在家庭或學校、在職場或社會中，都能很敏感地察覺到那些對自己的期待與要求，也會盡量符合這些要求。換句話說，就是在不知不覺中就想要滿足「他人的欲望」，因此容易過度地去討好他人。

這可以說是因為「超自我」過度強烈所致。「超自我」，是「從自我分離出來的，帶有批判性的審判思考」，通常稱之為「良心」（出自《哀悼及憂鬱》一書）。

「超自我」主要是基於父母所教育的規範與價值觀所形成。當然，規範意識強的家庭會嚴格教養孩子成長，並且遵循唯一正確的價值觀，這樣一來，孩子的「超自我」就會很強。

從本書中的案例來看，第一章所介紹的，想要支配孩子的父母，或是建立很多規則希望孩子遵從的父母，很可能都是在強化孩子的「超自我」。

「超自我」強大，聽起來似乎是好事。然而，**「超自我」強烈的人，會依照父母所灌輸的「良心」來行動**；他們會告訴自己，不可以做會讓人在背後指指點點的事情，所以會對「成為好人」進行最大的努力。

然而，正如同「過猶不及」這句話所說，「超自我」過於強烈的人，就算非常努力、一切也很順利，還是會對自己顯示出異常的要求與嚴苛。因此，**對於別人不以為意的小事也會感到有罪惡感，覺得「自己很糟糕」**。

另外，由於「非得○○不可」這種想法很強烈，會覺得「非得原諒不可」，所以會輕易寬恕他人。然而，因為對自己很嚴厲，有時也會對他人嚴厲起來，接著又無法諒解這樣的自己。因此，**常常會責備無法原諒他人的自己**。

由於對父母也抱持著「非得原諒不可」的心情，雖然很想原諒，卻又無法克制地抱持嚴苛的眼光，因而無法爽快地加以寬恕。這都是因為「超自我」太強烈的關係。

像這樣強烈的「超自我」，是長年來受父母灌輸的規範意識或價值觀所深刻影響。因此，無論如何都無法原諒父母的時候，就應該懷疑，是否父母的規範意識過度嚴苛，或價值觀過度單一。

勉強自己原諒可能會出現症狀

會勸大家不要積極地想要原諒爸媽，是因為我知道好幾個案例，是因為勉強自己寬恕，而出現各種症狀。

例如，三十多歲的女性，因為從孩提時代就因過度保護、過度干涉的母

親而感到煩惱，完全無法反抗或提出反論。因此，長大成人後覺得自己無法原諒母親，決定盡可能地保持距離。

這位女性在國中時曾因為飲食障礙而到醫院看診，主治醫生警告說「母親已過度保護，必須讓女兒按照自己的意思去做」，母親便暫時克制自己干涉女兒生活的行為，但等飲食障礙治好後，又開始對女兒的所有事情提出意見了。雖說當時彷彿看似治好了飲食障礙，卻其實沒有完全根治，只要母親一說「必須做〇〇」，她就會瞞著母親持續進行吃了吐、吐了又吃的迴圈。

除此之外，就算她大學畢業後就職，一個人住了，但只要母親打電話來，她就會頭痛，甚至夜不成眠，所以她只能盡量離老家遠一點，暴食與嘔吐的症狀才好不容易抑制下來。

自己幸福，就是對父母最大的復仇

雖然說，不管有多麼溫柔的丈夫在身邊陪伴，也許對這位女性而言，都還未迎來寬恕母親的好時機。也許再經過一段時間，等母親年老衰弱了，或許會覺得可憐而原諒她。又或者，當這位女性自己生產後成為母親，才終於多少能夠理解，為何自己的母親非得讓女兒依照自己的想法生活不可。

況且，母親這一方做出巨大改變的可能性原本就極低。此外，母親要為自己對女兒的所作所為而反省、道歉，這也是不可能的事。因為對母親來說，自己只是在做母親該做的事，或者更該說是「正確的事」，當然更沒有為此而受到責難的理由。譬如說母親主張「趕快讓我抱孫子」這一點，因此特地到治療不孕症的醫院去拿傳單來，也是基於她的觀點，認為自己是為了女兒的幸福才這麼做的。

無法原諒像這樣相信自己是百分之百正確的父母，是當然的。這樣的父

母，因為堅信自己是正確的，所以絲毫不會反省或道歉，看到他們這樣的態度，當然會更無法寬恕吧？

所以，這位女性現階段無法原諒母親，也是無可奈何的，沒有必要為此而責備自己。反倒應該說，若是持續這樣勉強自己下去，症狀可能會繼續惡化，與丈夫的關係也可能產生矛盾的狀況。

這種時候應該停止努力，要像單身的時候一樣，與母親保持一定的距離，才是聰明的決定。幸好，由於溫柔丈夫的幫助，暫且將母親的干涉阻擋在外了，只要兩人能建構幸福的家庭，原諒母親的那一天總是會到來的吧？

這種時候，**請將「自己幸福，就是對父母最大的復仇」當成座右銘，將「不要成為那樣的母親」、「要打造比母親的家更幸福的家庭」當成目標吧。**只要實現了，就能夠同時滿足幸福與復仇的願望了。

不原諒父母是為了原諒自己

捨棄「非得原諒不可」的倫理價值觀，每當這種想法死灰復燃時就告訴自己要停止，這樣心情上就會輕鬆許多。但縱然如此，一定還是有人因此抱有罪惡感，或是不知道該如何面對不原諒父母的自己。

這時要做的第一步，是**面對真實的自己**——必須接受自己的心中潛藏著對父母的怒氣與復仇願望，並且因此無法寬恕他們——所以，沒有必要責怪自己。每個人的心中都有憤怒的情緒或復仇的想法，因此而遲遲無法釋懷的人，也不只有你一人而已。**每個人其實都因此而煩惱不已**。

只要接受無法寬恕父母的自己，對父母的態度也會改變。譬如說，就算現在不原諒父母，但**隨著時間改變，總有一天會得以原諒吧？所以，現在不管原諒或是不原諒都無所謂**——只要這樣想，就不會緊緊逼迫自己，精神上也得以放鬆。

對決，是必要的

只要和煩惱於父母有支配欲望的人討論，大家都會吐露各種不平、不滿的心聲：「只要不照爸媽的話去做，他們就會不高興」、「被爸媽搞得雞犬不寧」。

像這樣的不滿，有可能是被父母支配的本人內心話，但也可能是為了「照著父母的話去做比較輕鬆」這樣的偏見而開脫。

我這樣寫，那些被父母支配而煩惱的讀者一定會反感地說：「才不輕鬆！我是真的覺得很煩惱！」然而，完全不回嘴、按照父母的話去做，在不順利的時候，至少自己的心裡可以找到「都不是我的錯」的藉口。「我都是照著父母的想法去做，自己其實不想要這樣，所以就算不順利，也是無可奈何的。」——像這樣留下逃避的後路，推卸責任，其實是為了保護受傷的自我與自尊。

這種自我防衛的方式其實很常見。就像第二章所說，想支配孩子的父母，其支配欲望與特權意識非常強烈，再加上傲慢與強硬的態度，要對這樣的父母回嘴是非常需要力氣與精神力的。

所以，不管如何回嘴，都不會有任何改變，很容易就變成：「太麻煩了，不要回嘴了，就照爸媽說的話去做吧。」就某種程度來說雖然也是無可奈何，但會依照有支配欲父母的話去做的人，原本也就比較有逃避正面對決的傾向。

這從我自身的經驗來說也可以理解。就如同第一章所說，我從小就覺得自己未來要進入文學系，成為記者或作家。然而，我的雙親，尤其是母親，卻深切地期盼我成為醫生。

與此相對，我卻一直無法好好地與他們正面對決。只是曾在提出未來志願的時候，寫下「想要進入文學系」。母親知道後，非常嚴厲地斥責我：「進文學系要做什麼？也找不到工作。而且妳根本也無法成為什麼作家！去念醫學系！」

我的母親認為，對自己而言的幸福，對女兒來說也是幸福，進而將自己的願望強壓在女兒身上，不管說什麼她都聽不進去。

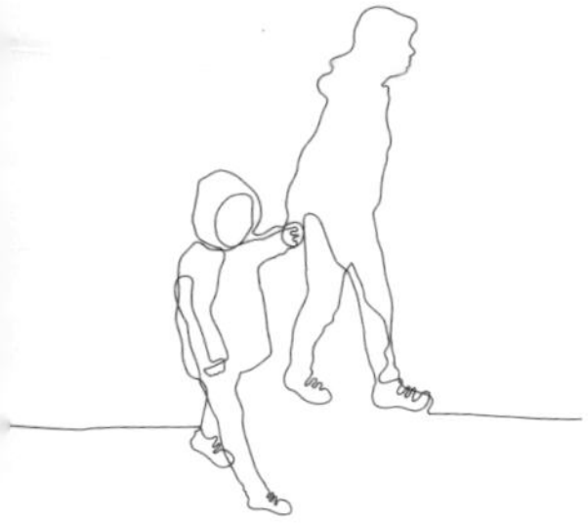

如果分析我當時的想法，應該是像這樣子——總之，就算違逆父母進入文學系，如果沒辦法找到工作，這樣的責任我自己也無法承擔；所以，還是依照父母所說，進入醫學系比較安心。況且，幾乎所有大學，醫學系的分數都比文學系要來得高，只要我能進入醫學系，父母也就可以志得意滿了吧。而且最重要的是，**我想要得到父母的認可，希望被他們稱讚的心情很強烈**。

所以，最後，我還是依照父母的心願進入醫學系——但這絕對不是什麼值得大喜大賀的事情。醫學系的功課和實習，並非我真心想做的事情，我也一直煩惱著自己是否適合成為醫生。況且，好不容易醫學系畢業了，也考上國家考試了，要踏上的仍是布滿荊棘的道路。成為醫生後的數年間，我仍然持續煩惱著自己是否不適合當醫生，也真心想要辭職過。

那時，母親介紹我相親結婚，勸誘我在鄉下當開業醫生，之後又聽說她背著我偷偷尋找開醫院的土地——我真的覺得很恐怖，也實在不想再被母親的欲望要得團團轉了，之後我也持續拒絕她。

那之後，她仍然時不時抱怨：「要是妳回鄉下開業就好了。」每次我都在心中大喊：「媽媽的幸福和我的幸福不一樣！對媽來說，我回去鄉下開業是幸福，但對我來說卻是不幸啊。」

回頭檢驗如此慘烈的經驗，我更覺得應該在大學升學時，就和父母好好正面對決一次。我應該忠實面對自己想進入文學系成為記者或作家的欲望，但因為我逃避與父母的對決，最後才造就這痛苦的結局。

經過各種曲折，我現在可以依靠寫作維生，著作也還算暢銷。當然，除了文章之外，精神科醫師的臨床經驗也很有用，能寫就本書，也是因為我

是精神科醫師的關係。再者，我也不想否定進入醫學系、成為精神科醫生走來的這段人生——我並不想要這樣否定我的過去。

然而，如果我不能完成小時候的夢想、進行寫作，只以醫生身分迎來我現在的年紀，一定會覺得「我的人生都在做什麼呢？」，覺得自己毫無價值吧。

所以，**不違逆父母、照父母的意思去做，絕對沒有與父母正面對決來得輕鬆**。對於想逃避對決的人，我想要大聲對你說：「應該回嘴的時候就回嘴吧，如果在該對決的時候逃避，往後只會有大大的苦果在等著你。」

逃避對決，乍看很輕鬆，但就長遠來看並非如此。

首先，**自己人生的責任，沒有別人可以幫忙承擔，最後都只能自己負責不可**。這是我從親身體驗中所領悟的道理，所以若是覺得被父母支配很痛苦，請一定要正面對決。

為了自己往後的人生，與父母對決吧！

當然，**對決之後，父母也不會改變**。這一點與前述所提到的佛渥德意見相同：「這個『對決』，無法讓『有毒的父母』認錯、聽孩子的話，甚至道歉、承擔自己的責任。事實上，他們的反應大多是完全相反的，他們會否認、說自己不記得了、回嘴責備孩子，甚至常常怒火中燒。」（出自《父母會傷人》一書）

然而，他還是強烈認為這樣的對決有其必要性。**「這個『對決』並不是為了父母，而是為了自己」**，若不和父母對決，一輩子都會因「橫亙在內心最深處的『恐懼』而煩惱」（同前書），抱著受傷的自尊心，被無力感糾纏而無法釋懷。為了不變成這樣，佛渥德才會力勸讀者與父母對決，我也是這麼想。

若是無法面對面與父母對決，寫信或使用簡訊也可以。總之，你要為了

自己今後的人生，與父母對決。

只要與父母對決，以後的人生就可以與父母拉開距離。這並不是逃避，而是為了守護你的人生而做的必要防衛策略。

| 第五章 |

宛如密室的家庭悲劇

—那些與孩子同歸於盡的父母—

在東方社會，親子關係時常是緊密且糾結的狀態。許多父母仍有「將孩子視為私有物」的潛意識，將自己的價值觀強加在孩子身上，當孩子的人生不順利時，就想由自己的力量來做出什麼「改變」，甚至會說出：「我不能留下這個孩子自己先離開！但身為父母就是會先死去，我真的不知道該怎麼辦才好……」

但這種說法，其實是一廂情願地認為「父母應該為孩子的人生負起責任」，造成許許多多的問題都封存在家庭內。

而繭居現象的長期化與高齡化，更是加強了家庭內部強烈的不安……

日本前事務次官殺子事件

二〇一九年六月發生了衝擊性的事件——東京都練馬區的自宅內，身為農林水產省的前事務次官的七十多歲父親，殺害了長年失業、繭居在家的四十多歲長男。

這位父親長年在家受到長男的家庭暴力，認為自己「受到生命威脅」。此外他也供述，由於五月底發生了川崎市約二十位兒童被殺害的事件，「我也很怕長男會對他人造成危害」、「不想為其他人造成麻煩」。

事件發生當日，自宅附近的小學正在舉行運動會，因而騷動異常的長男警告父親：「（噪音）吵死了！我要殺了你！」兩人似乎起了口角。

長男造成的家庭暴力始於國中二年級時，當時他就讀於東大錄取率很高的東京都內完全學校。二〇一七年，長男將當時的事情寫在 Twitter 上。

「國二時我第一次毆打愚蠢的母親，那時候的快感我現在還記得。」

父親畢業於東大法學系，進入農林省（後改制為農林水產省），逐漸往上爬升成為農水省頂級的事務次官，是個超級菁英；然而，長男卻無法依循和父親相同的路徑。高中畢業後，進入日本大學，後轉入流通經濟大學，但完成學業後卻沒有工作，只是過著整天玩遊戲和上網的生活。

長男並非一直都在老家生活，也曾在東京都內一人生活了十幾年，那時父親就時不時會去他的住處幫忙打掃。然而，在獨居的公寓因倒垃圾問題而和鄰居產生爭執，於事件發生前一週，出自長男本人的希望而搬回老家，再度和雙親一起生活。

但回老家後，長男就常將「殺了你」掛在嘴邊，事件發生前六日更曾對父親施加激烈的暴行，據說當時長男還邊吼叫著：「我的人生到底算什麼！」此外，對雙親拳打腳踢的行為，似乎也一直持續到事發當日。

從暴君化孩子的言語中，找到怒氣的源頭

這位長男，可看成是第三章所說的「暴君化孩子」的典型。父親的身體有無數瘀青，表示每天都承受長男的暴力行為，也難怪父親會覺得自己有生命危險。

另外，川崎市卡莉塔絲小學發生五十多歲的藺居族殺害兒童事件，也讓父親害怕長男是否會引發相同的事件。因此，有不少人很同情這位父親。

然而，我還是想請各位冷靜一下。

的確，像這位長男般暴君化的孩子，會像對待奴隸般地斥責父母、怒罵難聽的話、施加暴力。然而，**仔細聽他們斥罵父母的話語，大多可從中抓到一些事實的影子。**

譬如說，長男於二〇一七年在 Twitter 上寫著——

「我很努力念書，是因為不想讓愚蠢的母親弄壞我的玩具。」

「愚蠢的母親是弄壞 L-Gaim MK-II 的大罪人，罪該萬死。聽到沒？死一萬次才能補償妳犯下的罪！妳最好知道自己的行為有多麼罪大惡極。我要把灰撒在妳的遺照上。」

從這些推文中所透露出的，是對母親強烈的憤怒與報復渴望。長男會如此憤怒，就如同他 Twitter 上所敘述的，國中時如果不好好念書，母親就會把他的玩具弄壞。如果這種憤怒沒有好好地發洩出來，的確很有可能對母親施加暴行。

我並非要聲援長大後卻持續對家庭施加暴力的長男，只是，很多時候，不能否定是父母親造成孩子怒氣高漲、打算報復的意念。

讓長男進入有著極高東大錄取率的完全高中之人，很有可能是東大法學系畢業、成為菁英政務官的父親，他或許也希望長男與自己有同樣程度的學歷與職業，這在第三章所指出的「勝利組教育」中也提過。

然而，**父親成為菁英官員後非常忙碌，教養與教育等事項全都交給母親；這些事情也造成母親對教育過度熱衷的情況**——並且很諷刺地，成為長男怒氣與報復渴望的源頭。

父母與孩子，其實擁有不同的人格

對於這起事件的反應，我最震驚的是，社會中不僅僅有對父親的同情聲浪，甚至有人對他加以讚揚，而且還有「無法責怪他殺了自己的孩子」這樣的言論，以及「應該容許由父母自己來解決一切」的想法。

這樣的發言不只讓我出乎意料，而且也是非常危險的。這是因為，這起事件的背景中，隱隱可見第二章所說的「將孩子視為私有物」的潛意識。

由於父母將孩子當成自己的私有物，將自己的價值觀強加在孩子身上，當孩子的人生不順利時，就想由父母的力量來做出什麼改變。

例如，在接受家有繭居孩子的父母諮詢中，我常聽到「我不能留下這個孩子自己先離開，但身為父母就是會先死去，我真的不知道該怎麼辦才好……」這樣的擔憂敘述。雖然我能理解父母悲痛的心情，但這種敘述本身，就已經一廂情願地認為「父母應該為孩子的人生負起責任」，反而造成他們將許許多多的問題都封存在家庭中。

事實上，這樣的父母，若是家中有繭居的孩子，他們就會避開與親戚或鄰居的來往，甚至自己也減少出門的頻率。**這也許可說是因為父母有著強烈的責任感，但也是他們注重社會眼光的表現**——到最後，甚至連父母也變成繭居族，而且，很諷刺地，親子一體的感覺會更為增強，陷入不良的互存依賴關係之中。

以精神科醫生長年的臨床經驗來看，**繭居無法單純歸類為本人的資質或父母的教養問題，而是家庭、教育、社會的構造問題表面化之後，所產生的一種「症狀」**。當然，父母只是自己抱持問題的話，是無法解決任何事的，反而會迎來悲劇般的結局，這從前事務次官殺子案件就可見一斑。

所以，當孩子長大到一定年齡以上後，父母需要擺出這樣的切割姿態：**「雖然有血緣關係，但父母和孩子是不同的人格。孩子的問題並非都要由父母來解決，而且因為父母會先走一步，所以也不可能照顧孩子到最後。」**——但事實上這樣做的父母卻很少。而且只要牽扯到社會眼光或虛榮等，事態就會變得更麻煩。

認為孩子是「私有物」的觀念

若要追究殺害兒子的前事務次官的苦惱來源，並非無跡可尋。然而，有個問題卻讓人百思不得其解，那就是，為何對於兒子繭居造成的家庭暴力事件，從來沒有找人商量過呢？

關於這個問題，一個原因是社會眼光，另一個原因是「孩子是私有物」的觀念。

「孩子是私有物」的觀念方面，日本近年在調查母子一起自殺的事件中，漸漸研究出一些明顯的傾向。母親將孩子當作「私有物」，認為「和我一起死，孩子比較幸福」、「這個孩子活著也只會變得不幸」，最後母子選擇共赴黃泉（出自《母子自殺的實際狀態與家族關係的健康化——保健福祉學的發展研究》，暫譯）。

也就是說，對孩子的所有意識極度強化後，就變成「孩子是私有物」的概念。在日本，一般是在父權制度下的傳統家庭制度中長大（同前書），這種「孩子是私有物」的觀念不僅只於母親，有些父親也會有。

二次大戰後已經超過七十年以上，父權家族制度已開始崩解，卻仍有許多家庭被「孩子是私有物」的觀念所糾纏，真的令人感到非常遺憾。

為繭居而苦所導致的同歸於盡殺子事件

容忍「孩子是私有物」之所以可怕，是因為這樣的想法，將來有可能誘發那些對繭居孩子的未來感到悲觀的父母，引起企圖同歸於盡的事件。事實上，就曾發生過因為孩子繭居而苦惱，將其殺害後，母親也跟著自殺的悲劇事件。

例如，二〇一六年五月，日本新潟縣三条市發生一起五十多歲男性在自家，頸部流血死亡的事件，報警的是剛從外頭返家的四十多歲弟弟。男性遺體頸部有多處刺傷或刀傷，也在家裡發現應該是凶器的刀刃。

第二天早上，有人在附近產業道路上，發現了同住的七十三歲母親之遺體。此外，在家裡也發現母親遺書般的書信，其中似乎也寫了案情的相關線索。由此或可推測，母親為十幾歲開始就繭居在家的兒子感到苦惱，選擇與孩子一起步向死亡的可能性極高。

另外，還發生了一起為無法就職兒子的未來感到悲觀的母親，選擇與孩子共赴黃泉的事件。二〇一四年二月，在奈良市發現當時六十九歲的母親與四十六歲的長男的遺體，奈良縣警認為，這起事件的起因，是母親為找不到工作的長男的未來感到悲觀，因此殺害了孩子之後再自殺的事件。之後，警方也以殺人犯嫌疑起訴已死亡的母親。

另外一方面，也發生了其他父親殺害繭居兒子的悲劇。

二〇一三年十一月在廣島縣福山市，七十歲的男性殺害了當時四十四歲的長男。數日後，在妻子的陪同之下到警察局自首：「我殺了兒子。」依據他的供述，在家中發現長男的遺體。以殺人嫌疑被逮捕的父親供認：「兒子叫我殺了他。我也上了年紀了，覺得看不到孩子的未來，感到非常悲觀，所以只好下手。」一直到動手絞殺兒子之前，他都對孩子的事情非常苦惱。

長男從十幾歲開始，就因皮膚疾病而從高中休學，繭居在家。之後，雖然參加大學考試，也到外縣市的大學就學，卻又再次休學，開始了足不出戶的生活。期間，長男對於與其他人一起生活而感到困擾，所以在事件發生的十年前左右搬出家裡，沒有與雙親一起度日。然而，母親還是每天都到兒子的住處，為他打掃或洗衣，照顧生活起居。

「對孩子的未來感到悲觀，所以殺了他。」這樣的供述，在許多對孩子下手的父母口中都可聽見，這從「KHJ全國繭居家族會聯合會」的調查

中也可明顯看出來，這種強烈的不安是瀰漫在整個家庭之中的。

繭居的長期化 & 高齡化

最大的原因，就是因為繭居的長期化與高齡化。二〇一九年三月，日本內閣府發表了繭居現況調查的結果，以四十歲～六十四歲為區間對象，其人數衝擊性地高達六十一萬三〇〇〇人。

內閣府於二〇一〇年與二〇一六年也有針對繭居現況做調查，是以十五歲～三十九歲為對象，分別約有七十萬人與五十四萬人。也就是說，全日本至少有約一百萬人繭居在家。

這樣的狀況也很明顯地受長期化、高齡化所影響，「KHJ全國繭居家族會聯合會」在口本厚生勞動省的協助下進行調查。這個調查是從二〇一六年十一月到二〇一七年一月，以三九九名家族成員、一一九名繭居經驗者為對象所進行。

結果顯示，繭居的本人平均年齡為三十三．五歲，四十歲以上者占全體的二五%；另外，繭居的平均期間為十．八年，繭居期達二十年以上的人占全體的十六%。

並且，將四十歲以上的案例與未滿四十歲的案例相比較之下發現，未滿四十歲的繭居期間約九年，但四十歲以上的繭居期間拉長到約十五年。也就是說，年紀越高的案例，繭居的期間越長。而且，**四十歲以上的案例比未滿四十者，其家人對於現在及五年後的不安感是更為強烈的**。

根據這個調查可發現，繭居的長期化、高齡化是非常明顯的，前事務次官殺害的長男，也是典型的四十歲以上繭居族。可從中明白，他們的家人對此都懷抱著強烈的不安。

在家庭這個密室中所發生的悲劇

如果感到不安，就應該求助於諮商，但前事務次官夫婦卻沒有向任何人求助。我認為，**家庭變成一個封存問題的密室**，**也是造成這個悲劇的其中一個原因**。也就是說，像這位長男一樣伴隨家庭暴力的繭居族，很容易陷入對父母存有敵意或怨氣，但又不得不依賴他們的這種敵對依賴的狀態。

雖然對父母生氣，但又因為經濟上的依賴，而陷在敵對依賴的狀態中進退維谷，之後就可能出現激烈的暴力行為。又或者，與家族內的關係也成為繭居的原因之一。所以，應該要有「光靠家人是無法解決繭居問題」的認知。尤其，家有四十歲以上繭居孩子的父母，建議盡快尋求幫助。

在日本，繭居的諮商窗口有繭居地區支援中心、生活窮困者支援窗口、保健所等。請先進行諮商後，如果可以就診，請繭居的本人定期與精神科醫師進行診療，不僅能夠得到許多建議，必要時也可以進行藥物治療。或者，**若父母願意與其他家庭互動，就能和其他抱持相同不安及煩惱的父母一同交流，或許能因此找到解決的方法。**

不借助第三者的力量是無法解決繭居問題的，所以諮商是必要的，但前事務次官卻沒有做出正確的選擇。或許，兒子的繭居對他來說是種恥辱，所以完全不想對外宣揚。但若是他有向外尋求幫助，或許就不會走到最糟的殺子這一步了。

為了報復配偶而引發的殺子事件

如前所述，對孩子的未來感到悲觀，認為自己非得「做些什麼」，進而開始策畫同歸於盡、共赴黃泉的計畫，最後動手殺害了孩子——都是起因於父母的私有物意識。從這種占有欲中，其實也看得見為了報復配偶而殺子的影子。

為了報復配偶而殺子的，曾有許多為了讓配偶或是元配痛苦，而殺害自己孩子的案例。原型可追溯至希臘悲劇的美狄亞（Medea），為了向背叛自己、去了別的女人身邊的丈夫復仇，她殺了兩人的兒子。當丈夫問美狄亞：「為什麼要對孩子下手？」時，她回答：

「為了讓你痛苦。」

從美狄亞的悲劇中，衍生出「美狄亞情節」這樣的概念，可定義為「母親若有想殺死自己孩子的願望，往往是出自於對丈夫的復仇心情」。現在，在報導那些想對丈夫或前夫復仇，因而殺子或一起自殺的母親，往往還會提起這個故事。

因為復仇心理而殺子，或是強硬地同歸於盡，並不僅限於母親。父親想對妻子或前妻復仇時，也會出現一樣的兇殘行為。

不管是哪一方，其內心深處所潛藏的都是「孩子是屬於我的」這樣的私有物意識。本書至今已反覆陳述，這樣的意識是很危險的，**父母應該捨棄「孩子是私有物」的意識，謹記孩子和自己具有「不同人格」這件事。**

在日文中，有「無理心中」這樣的說法，指的是父母帶著孩子一起同歸於盡的事件，這在歐美也曾經發生。然而，歐美沒有「心中」*這種迂迴的表達方式。心中在英文的表現方式是「double suicide」（結伴自殺），母子心中是「maternal filicide-suicide」（母親所造成殺子－自殺），父子心中是「paternal filicide-suicide」（父親所造成殺子－自殺）。

這種表現方式意味著，在日本以「親子心中」稱呼的事件，對歐美來說並沒有親情的意味，單純只是殺子事件的範疇。

＊譯註：原指相愛的男女為證明彼此愛情之永恆，選擇一同赴死的行為。後廣義指同歸於盡、集體自殺的情況。

後記

二〇一九年本屋大賞得獎的《然後，傳出接力棒》（暫譯，そして、バトンは渡された，瀨尾まいこ著，文藝春秋），在日本成為暢銷書。

主角是十七歲的少女，被沒有血緣關係的父母之間幾經輾轉，換了四次名字。一般會覺得，在這樣的家庭環境中成長一定會變得不幸，但這位少女不一樣。

「我有三位父親、兩位母親。家庭的型態在十七年間改變七次。然而，並非全然不幸。」（出自《然後，傳出接力棒》）

這位少女，如同「接力棒」般被不同的雙親接下，雖然為了與父母之間的關係而煩惱，她仍然非常堅定，不管在哪裡都覺得很幸福。最大的理由是，她一直都很愛雙親，也被他們所愛。像這樣，就算碰到沒有血緣關係的父母，只要孩子感受到自己是被愛的，就並非不幸，反倒會覺得幸福。

相反地，就算是有血緣關係的父母，若無法得到來自父母的愛，孩子就會變得不幸。就算父母認為自己是在灌注愛給孩子，但若是抱持孩子是「自己的私有物」的占有欲望，或是將孩子當成讓自己看起來更厲害的附屬物，只會讓孩子痛苦而已。

正因為是有血緣的父母，更容易將孩子當作私有物，強加自己的價值觀於孩子身上，抱持過多的期待。父母將對自我的愛，投射在承繼自己DNA的孩子身上，這也不是不能理解的事。

但就如同本書所反覆陳述的，父母的「私有意識」就是萬惡的根源。因為這樣的私有意識，塑造出將孩子逼到絕境的父母、犯下殺子罪行的父母。所以，請務必屏除將孩子當作私有物的意識，將自己與孩子區分為不同人格——這是避免成為攻擊孩子父母的第一步。

本書發行時，我受到ＰＨＰ研究所第四製作部人生教養課總編輯西村健很大的照顧。他很仔細地閱讀原稿，並且給我適切的建言，我衷心謝謝他的心意。誠摯感恩。

片田珠美

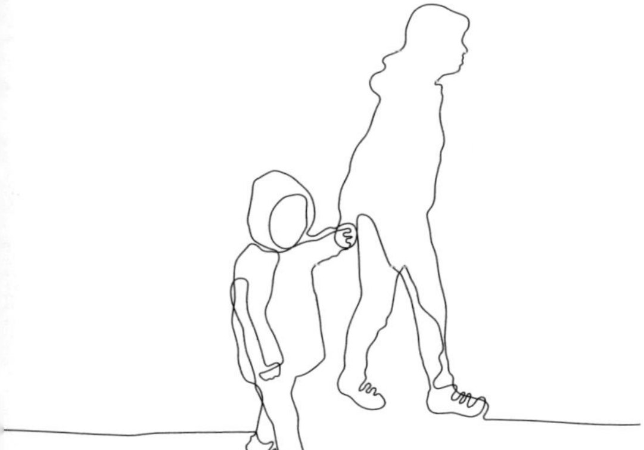

參考文獻

一第一章一

＊《週刊文春》二〇一八年六月二十一日號

＊片田珠美《無差別殺人的精神分析》新潮選書，二〇〇九年

一第二章一

＊〈產經新聞〉二〇一九年二月五日

＊《週刊文春》二〇一九年五月二日／九日黃金週特刊

＊萩尾望都《一瞬與永遠》，朝日文庫，二〇一六年

＊Landy Bancroft、Jay G. Silverman《被家暴的孩子們——成為加害者的父母對家庭機能所造成的影響》，幾島幸子譯，金剛出版，二〇〇四年

＊安娜·佛洛伊德（Anna Freud）《自我與防衛》，外林大作譯，誠信書房，一九五八年

＊西格蒙德·佛洛伊德（Sigismund Freud）《精神分析學入門I》，懸

田克躬譯，中公Classics，二〇〇一年
*史戴分·格羅茲（Stephen Grosz）《說不出的故事，最想被聽見》，園部哲譯，中央公論新社，二〇一五年

第三章

*押川剛《「請殺了孩子」——這麼說的父母們》，新潮文庫，二〇一五年
*高橋和巳《孩子為了拯救父母而得到「心病」》，筑摩書房，二〇一四年
*林直樹《割腕——克服自殘行為》，講談社現代新書，二〇〇七年
*二神能基《朝向父母的暴力——揭開家庭暴力的實際情況》，東洋經濟新報社，二〇〇七年
*希爾德·布魯赫（Hilde Bruch）《Golden Cage——青春期暴瘦症之謎》，岡部祥平、溝口純二譯，星和書店，一九七九年
*西格蒙德·佛洛伊德（Sigismund Freud）《哀悼及憂鬱》（井村恆郎譯《佛洛伊德著作集第六卷》，人文書院，一九七〇年）

* 塞內卡《論憤怒 第二篇》，兼利琢也譯，岩波文庫，二〇〇八年
* Jacques Lacan：Ec rits Seuil 1966

—第四章—

* 蘇珊·佛渥德（Susan Forward）《父母會傷人》，玉置悟譯，講談社＋a文庫，二〇〇一年
* 西格蒙德·佛洛伊德（Sigismund Freud）〈對文化的不滿〉（中山元譯《幻想的未來／對文化的不滿》，光文社古典新譯文庫，二〇〇七年）
* 西格蒙德·佛洛伊德（Sigismund Freud）《哀悼及憂鬱》（井村恆郎譯《佛洛伊德著作集第六卷》，人文書院，一九七〇年）

—第五章—

* 〈每日新聞〉二〇一九年六月四日
* 《周刊新潮》二〇一九年六月十三日
* 《女性seven》二〇一九年六月二十日
* 片田珠美《擴大自殺——大量殺人、自爆恐怖、同歸於盡》，角川選書，

二〇一七年

＊高橋重宏《母子自殺的實際狀態與家族關係的健康化——保健福祉學的發展研究》，川島書店，一九八七年

＊特定非營利活動法人ＫＨＪ全國繭居家族會聯合會「繭居時態問卷調查報告書」，二〇一七年三月

＊歐里庇得斯「美狄亞」，中村善也譯（《希臘悲劇III——歐里庇得斯（上）》，筑摩文庫，一九八六年）

＊Kieran O'Hagan: Filicide-Suicide : The Killing of Children in the Context of Separation, Divorce and Custody Disputes, Palgrave Macmillan. 2014

國家圖書館出版品預行編目資料

都是為你好，難道我會害你嗎？：揭開父母情緒勒索、遷怒、控制、差別待遇的暗黑心理，停止複製傷害迴圈 / 片田珠美著；米宇譯 . -- 初版 . -- 臺北市 : 日月文化 , 2020.04
208 面 ; 14.7*21 公分 . -- (大好時光 ; 31)
ISBN 978-986-248-869-0(平裝)
1. 兒童虐待 2. 親子關係
544.61　　109001944

大好時光 31

都是為你好，難道我會害你嗎？

揭開父母情緒勒索、遷怒、控制、差別待遇的暗黑心理，停止複製傷害迴圈

子どもを攻撃せずにはいられない親

作　　者：片田珠美
譯　　者：米宇
主　　編：俞聖柔
封面設計：張巖
美術設計：LittleWork 編輯設計室

發 行 人：洪祺祥
副總經理：洪偉傑
副總編輯：謝美玲
法律顧問：建大法律事務所
財務顧問：高威會計師事務所
出　　版：日月文化出版股份有限公司
製　　作：大好書屋
地　　址：台北市信義路三段 151 號 8 樓
電　　話：(02)2708-5509　傳　　真：(02)2708-6157
客服信箱：service@heliopolis.com.tw
網　　址：www.heliopolis.com.tw
郵撥帳號：19716071 日月文化出版股份有限公司

總 經 銷：聯合發行股份有限公司
電　　話：(02)2917-8022　傳　　真：(02)2915-7212
印　　刷：禾耕彩色印刷事業有限公司
初　　版：2020 年 4 月
初版四刷：2022 年 1 月
定　　價：300 元
I S B N：978-986-248-869-0

生命，因閱讀而大好